Gerard Minnaard bringt die biblischen Geschichten jenseits einer religiösen Sprache näher. Kraft und Weisheit der alten Erzählungen werden auf neue Weise spürbar. Auch für Menschen, die wenig oder nichts mit Kirche und Bibel zu tun haben, wird erfahrbar, dass die Bibel ein Buch voller spannender Erzählungen ist.

Gerard Minnaard ist Sozial-Pädagoge und Reformierter Theologe. Er ist Geschäftsführer der Woltersburger Mühle und Mitherausgeber der Zeitschrift Junge Kirche.

Gerard Minnaard

Das Geheimnis der Humanität

Eine nicht religiöse Auslegung der Bibel für Menschen, die vielleicht an Wunder, aber nicht an Mirakel glauben

Bibliographische Information der Deutschen Bibliothek

Minnaard, Gerard:
Das Geheimnis der Humanität.
Eine nicht religiöse Auslegung der Bibel für Menschen,
die vielleicht an Wunder, aber nicht an Mirakel glauben
Uelzen: Erev-Rav, 2020
ISBN 978-3-932810-61-9

Verlag Erev-Rav

Druck: MHD Druck und Service GmbH, Hermannsburg
Umschlaggestaltung und Satz: Initia Medien und Verlag UG, Uelzen
Umschlagbild: Werner Steinbrecher

Weitere Informationen unter: www.woltersburger-muehle.de
Bestellung: info@woltersburger-muehle.de

Inhaltsverzeichnis

Die Zeichnung auf dem Umschlag und die Zeichnungen in diesem Buch sind von Werner Steinbrecher.
Als Werner Steinbrecher hörte, dass seine Krebserkrankung auch seinen Kopf befallen hatte, hat er aufgegeben. Er hatte keine Kraft mehr, und hörte auf zu malen. Angefangen hatten Zweifel und Einbrüche schon früher, als die erste Erkrankung sich ankündigte. Er, der Jahrzehnte lang jeden Tag aufgestanden war, um sich künstlerisch mit der eigenen Geschichte und der Gesellschaft auseinanderzusetzen, er, der disziplinierte Maler, fand keinen Weg mehr zu seiner Kunst. Wir haben oft darüber geredet. „Werner, Du bist Maler. Das ist Deine Art zu kommunizieren. Du kannst damit doch nicht ganz aufhören.“ Als er wieder für eine größere Operation ins Krankenhaus musste, bat ich ihn, etwas Papier und einen Bleistift mitzunehmen. Entstanden ist eine Serie von Zeichnungen über seinen Weg in der Krankheit. Ein Mensch, der sich mit einem Blümchen in der Hand auf den Weg macht. Ein durch Kortison aufgeschwollener Kopf. Aufgeschwollene Beine. Alles fühlte sich doppelt an. Die Arme. Die Beine. Der ganze Körper geriet außer Kontrolle und führte in Eigenleben. Und schließlich: ein offener Brustkorb. Werner hat die Operation überstanden und er hat sich einigermaßen erholt. Trotzdem wusste er, dass sein Leben nicht mehr lange dauern würde.
Es ist traurig einen Freund zu verlieren, mit dem man so lange unterwegs war, so viele Projekte bedacht und umgesetzt hat. Aber ich freue mich über die intimen Zeichnungen, die Werner uns geschenkt hat. Manche Tage muss ich auf einmal an ihn denken. Dann sehe ich den Künstler mit dem Blümchen in der Hand.

Für Henk Keesmaat, Werner Steinbrecher,
Waldemar Nottbohm und alle andere Künstler
und Künstlerinnen, die jeden Tag aufstehen,
um für uns Kunst zu machen.

Einführung

Eine Erzählung

Ich wohne und arbeite auf dem Gelände der „Woltersburger Mühle“ (bei Uelzen), in einem gemeinnützigen Projekt mit sozialen und biblisch-spirituellen Arbeitsbereichen. Die verschiedenen Gebäude auf dem Gebäude wurden in den Jahren 2008 bis 2012 mit arbeitslosen Menschen aufwendig restauriert und neu aufgebaut. Das ganze Projekt, Gebäude und Gelände, wurde so angelegt, dass davon, nicht nur meiner Meinung nach, eine große Ausstrahlungskraft ausgeht. Alles steht bereit. Alles?

Nein. Es gibt ein Gebäude, das verwahrlost am Rande steht. Es ist das alte so genannte Herrenhaus, in dem die Müllerfamilie früher wohnte und das dem Verein „Woltersburger Mühle“ nicht gehört. Es steht schon über zwanzig Jahre leer, hat aber von seiner imposanten Erscheinung wenig verloren. Fast täglich werde ich auf dieses Gebäude angesprochen. Das passiert auch bei allen Führungen, die ich schon einige Jahre auf dem Gelände mache, so dass ich nach einiger Zeit eine Standardantwort entwickelt habe, die ich wie ein kleines Theaterstück vorführe.

Kennen Sie die Geschichte von Adam, Eva, Apfel und Schlange? Was müssen Adam und Eva lernen? Sie müssen lernen sich über alles zu freuen, was sie haben. Und sie müssen lernen, sich nicht zu beschäftigen mit dem Einen, das sie nicht haben sollen. Das ist der Apfel. Dieses Haus ist unser Apfel.

Ich meine das ernst. Wir alle müssen in unserem Leben lernen, Grenzen zu akzeptieren. Und nicht nur zu akzeptieren, sondern damit Frieden zu finden. Schauen Sie mal in die andere Richtung, wir haben so viel. Und ich werde fast täglich auf dieses große, leerstehende Haus angesprochen. Sie werden verstehen, dass es für meine Seele nicht gut wäre, jeden Tag schade zu finden, dass dieses Haus nicht zu uns gehört.

Die alten, biblischen Erzählungen helfen mir, meine Erfahrungen vor einem größeren Horizont zu verstehen und zu verarbeiten. Deshalb kann ich stolz sagen: Das ist unser Apfel!

Die meisten Menschen, die diese Antwort hören, fühlen sich davon angesprochen. Und dann kommt, wie bei einem Theaterstück, eine letzte Pointe:

Und wenn wir jetzt weiter gehen, dann wird garantiert eine/r von Ihnen sagen: Das ist aber doch schade. Und das ist die Schlange! Das ist die Rolle der Schlange in der Erzählung. Die Schlange will dich doch noch schnell festhalten und mitreißen. Könnt ihr wirklich nicht mit den Eigentümern reden? Vielleicht kann ein Strohmann etwas für euch erreichen. Vielleicht dauert es nicht mehr lange und man kann mit dem Eigentümer reden. Unendlich viele Ideen und Vorschläge. Das ist die starke Kraft, die von dem „nicht" ausgeht.

Spätestens hier habe ich die Menschen gewonnen. Alle lachen. Einige fühlen sich ertappt. Wenige Minuten später sagt fast immer mindestens eine Person: „Ja, aber ..." Einige andere reagieren dann sofort: „Da ist die Schlange".

Ein Problem

Die biblische Erzählung hilft nicht nur, die eigene Erfahrung zu verarbeiten. Sie schafft auch eine gemeinsame Erfahrung, insofern die Menschen, die zuhören, die alte Erzählung kennen und davon berührt werden.

Das Problem ist allerdings, dass die biblischen Erzählungen vielen Menschen zunehmend fremd sind. Sie sind nicht damit aufgewachsen oder sie haben ihnen den Rücken zugekehrt. Aus Desinteresse, aus Verletzung oder aus der Überzeugung, dass die ganze religiöse Sprache nichts bringt. Das ist schade, denn ich bin davon überzeugt, dass die Bibel kein religiöses Buch ist und die religiöse, kirchliche Sprache zu Unrecht eine Schwelle in sich birgt, die immer weniger Menschen überschreiten wollen oder können.

Die religiöse Sprache und vor allem der Gebrauch des Wortes „Gott" sind uns seit der Aufklärung fremd geworden. Sie bilden eine Barriere für die Menschen, die alles, was mit dieser Sprache verbunden ist, als Reste einer überwundenen abergläubischen Zeit ablehnen. Die religiöse Sprache ist, wie jede andere Sprache auch, wie eine Wohnung, in der man sich zu Hause und entsprechend geborgen fühlen kann. Wer aber nicht reingeht, bleibt außen vor.

Dabei muss die religiöse Sprache nicht immer voraufklärerisch sein. Aber sie ist es oft. Ich bin in den Niederlanden streng reformiert groß geworden. Ich lernte schon als Kind, dass es zum christlichen Glauben gehört, die Bibel buchstäblich ernst zu nehmen. So hat zum Beispiel – so wurde es uns gelehrt – die Schlange im Paradies wirklich gesprochen. Als ich später in der Schule lernte, dass es naturwissenschaftliche Gesetze gibt, entstand ein Konflikt, den ich nicht lösen konnte. Die Folge war, dass der ganze Glauben in sich zusammenfiel. So schnell kann die Geborgenheit, die auf Sand gebaut ist, verloren gehen.

Es sind Erfahrungen wie die mit der Erzählung von „Adam, Eva, Apfel und Schlange", die mich dazu bringen, die Erzählungen in den säkularen Raum, in dem ich arbeite, hinüberzutragen. Denn wer einmal erfahren hat, welche Kraft in den biblischen Erzählungen steckt, wird sie nicht schnell aufgeben wollen. Wenn die biblische Verheißung einer Gesellschaft, in der alle Menschen ohne Angst und Gewalt solidarisch miteinander leben, immer weniger gehört wird, weil die Botschaft in einer religiösen Sprache „gefangen" ist, dann sollten wir sie daraus befreien.

Ich übertrage deshalb das Wort „Gott" in diesem Buch mit „Vision, Stimme oder Bote der Humanität". Das will nicht sagen, dass ich der Meinung bin, dass das Wort Humanität weniger beschädigt ist als das Wort „Gott". Es geht nicht darum, eine saubere Sprache zu finden. Die gibt es nicht. Alle großen Worte sind im Laufe der Geschichte vergiftet und verbrannt worden. Das Wort „Humanität" ist nicht „sauber", aber es ist allgemein verständlich und das Wort „Gott" nicht beziehungsweise nicht mehr.

Eine Beerdigung

Auch wenn ein Problem einem schon lange beschäftigt, braucht es oft einen besonderen Anlass, um das in Angriff zu nehmen, was man schon lange tun will. In diesem Fall war es die Beerdigung eines Freundes, Helmut Vollmer.

Helmut war in seinem Leben einige Monate katholisch gewesen und einige Jahre Sannyasin. Entscheidender ist aber: Helmut war Bäcker. Genauer gesagt Bio-Bäckermeister. Er hat als Bäcker und Prokurist zusammen mit seinem Freund Volker Krause die Bohlsener Mühle aufgebaut, einen großen Ökobetrieb in der Region Uelzen. Die Beerdigung fand ohne Kirchenlieder statt. Gespielt wurde seine Lieblingsmusik, die er auf seinem Sterbebett ausgewählt hatte (unter anderem *„a perfect day“* von Lou Reed). Die Beerdigung, die Musik waren ohne kirchliche Sprache. Sogar ohne ein „Unser Vater“ am Grab. Und auch der Segen am Abschluss wurde in säkularer Sprache abgehalten.

Im Anschluss an die Beerdigung betonten mehrere Personen beim Kaffeetrinken, wie gut es wäre, auf diese Weise – geistig, aber nicht religiös – miteinander ins Gespräch zu kommen. Und so ist der Gesprächskreis „Begegnung am Montag“ an der Woltersburger Mühle entstanden. Einmal monatlich kommt der Kreis zusammen. Es gibt immer einen kurzen biblischen Impuls, eine Person bringt ihr beziehungsweise sein Lieblingslied mit, es wird gegessen und dann wird gemeinsam „Brot und Rosen“ gesungen, damit wir bei der nächsten Beerdigung zumindest *ein* Lied gemeinsam singen können.

1. Sprache der Befreiung – befreite Sprache

Das Thema dieses Buches – die Befreiung der biblischen Sprache aus der religiösen Gefangenschaft – knüpft an zwei biblische Erzählungen an, die sich mit Sprache und Verständigung auseinandersetzen. Die erste Erzählung ist die Geschichte vom Turmbau zu Babel im Alten Testament (1. Mose 11). Die zweite ist die Pfingstgeschichte in Jerusalem im Neuen Testament (Apostelgeschichte 2). In beiden Erzählungen begegnet uns eine überraschende Intervention, die Raum schafft für eine humane Verständigung.

Der Turmbau zu Babel

Über die ganze Erde gab es eine Sprache.
Die Menschen sagten zueinander:
Heran! Lasst uns Steine machen.
Heran! Lasst uns eine Stadt und einen Turm bauen.
Himmelhoch.
So wollen wir uns einen Namen machen,
denn sonst werden wir über die ganze Erde zerstreut.

Bauen scheint schon immer ein besonderes Merkmal der Geschichte der Menschheit gewesen zu sein. Und zwar vor allem groß und hoch. Von den alten Pyramiden in Ägypten bis hin zu den modernen Wolkenkratzern in Dubai erzählen die Bauwerke, wozu wir Menschen imstande sind. Zu dieser Reihe großer Bauwerke gehört auch das Zentrum Berlins, das nach der Wiedervereinigung 1989 viele Jahre eine gigantische Baustelle war. Wer eine solche Baustelle betritt, wird sich wundern. Man wird kaum jemanden verstehen, denn die meisten Bauleute kommen aus allen Herren Ländern und sprechen eine Sprache, die nicht dort zu Hause ist, wo sie gerade arbeiten. Die eine Sprache, von der die biblischen Erzählerinnen und Erzähler in der Geschichte des Turmbaus zu Babel berichten, ist dann auch keine Ursprache, die alle Menschen einst gesprochen haben.

Sie ist eine globale Sprache des Bauens. Eine Sprache, die wir alle kennen. Eine Sprache, die wir alle verstehen.

Die *eine* Bau-Sprache ist eine Sprache der Potenz und der Angst – so behauptet die biblische Erzählung:

Die Menschen sagten, lasst uns bauen.
So wollen wir uns einen Namen machen,
denn sonst werden wir über die ganze Erde zerstreut.

„Sich einen Namen machen" wird in den biblischen Erzählungen sehr kritisch gesehen. Wenn Menschen „sich einen Namen machen wollen", wenn sie sich verewigen wollen, geht das immer auf Kosten von anderen Menschen. Kennzeichnend für diese sich selbst verewigende Bauweise ist das „himmelhoch". „Himmelhoch" ist Ausdruck einer Gesellschaft, in der einige hochkommen und viele unten bleiben. Oder wie es in der modernen Sprache mancher großen Unternehmen heißt: *up or out.*

Es geht in der Geschichte vom Turmbau also nicht um das Bauen an sich. Kritisiert wird die Art des Bauens. Der Turmbau zu Babel steht für eine herrschaftliche Architektur. Wer Macht hat, kann so bauen. Genauer gesagt: bauen lassen.

Die Erzählerinnen und Erzähler – beziehungsweise ihre Mütter und Väter – haben diese herrschaftliche Macht am eigenen Leib kennen gelernt. Sie waren als fremde Arbeiter auf Großbaustellen in Ägypten zur Zeit der Pharaonen tätig. Sie kennen die Geschichte „von unten". Sie wissen aus „eigener" Erfahrung, was es bedeutet, für einen Hungerlohn für andere Wunder vollbringen zu müssen. Auch für uns ist diese Kehrseite der wirtschaftlichen Macht weniger weit weg, als wir vielleicht denken. Es gibt die zahlreichen polnischen Arbeiterinnen und Arbeiter, die „unseren" Spargel stechen und nebenbei auf den Bauernhöfen bauen. Es gibt die Ukrainer in den Schlachthäusern, die unser Billigfleisch zubereiten. Es gibt die fremden Frauen in den Hotels, die uns das Zimmer reinigen und das Bett machen. Es gibt die Frauen und Männer aus anderen Ländern, die uns –

wenn nicht schon jetzt, dann doch später – pflegen werden. Das muss nicht heißen, dass diese Menschen alle schlecht behandelt werden. Aber vielleicht schreiben sie doch eine andere Geschichte als wir.

Wie nah „der Turmbau zu Babel“ sein kann, ist mir deutlich geworden, als in Uelzen, wo ich wohne, der Bahnhof nach einem Entwurf von Friedensreich Hundertwasser komplett renoviert und umgebaut wurde. Auch auf dieser Baustelle waren überwiegend Menschen von Sub/Unternehmen tätig, die man nicht verstehen konnte. Gleichzeitig zeigt der Bahnhof wie man beim Bauen auch andere, nicht herrschaftliche Akzente setzen kann. Besonderes Merkmal der Architektur Hundertwassers sind nämlich die organische Verbindung von Technik beziehungsweise Kultur und Natur, die grünen Dächer, die runden Formen (Hundertwasser: „Die gerade Linie ist gottlos.“) – die farbenfrohe Keramik ... „Babel“ und „Nicht Babel“ in einem Gebäude. So komplex, so gemischt ist die Realität, in der wir leben.

Mitten in dieser unheilvollen Vermischung ist für mich als Projektleiter und Geschäftsführer der Woltersburger Mühle die kritische Sicht auf das Bauen in der Bibel ein heilsames Korrektiv. Vier Jahre lang haben wir mit vielen arbeitslosen Menschen die Gebäude auf dem Gelände renoviert beziehungsweise neu gebaut. Auf Grund dieser Erfahrung kann ich bestätigen: Bauen und Gestalten machen süchtig. Oft werde ich gefragt: Und, was ist dein nächstes Projekt? Denn die Menschen erwarten, dass es immer weiter geht und das heißt vor allem, dass es immer weiter wächst. Wenn die Antwort lautet: „Wir wollen versuchen, zu überleben“, klingt das, so zumindest nimmt man es in den Gesichtern der Anderen wahr, eher uninteressant.

Die Geschichte vom Turmbau spricht von Macht und von Angst: ... *denn sonst werden wir über die ganze Erde zerstreut.* Das hoch-herrschaftliche Bauen hat einen disziplinierenden Nebeneffekt, der nicht immer sofort erkennbar ist. Erst allmählich spürt man, oder eher noch, spüren die anderen, dass man sich verhärtet.

Ich werde nie vergessen, wie eine Frau aus unserer früheren Kirchengemeinde von einer solchen Verhärtung erzählte. Sie hatte ihren Beruf als Krankenschwester aufgegeben, weil sie den Druck nicht mehr aushalten wollte. Daraufhin war sie im Betrieb ihres Mannes tätig geworden, um ihn bei der Arbeit zu unterstützen. Als die Firma Konkurs anmelden musste, wurde die Firma auf ihren Namen überschrieben und sie wurde Geschäftsführerin. Geschickt und fleißig leitete sie seitdem den Betrieb. Eines Tages brachte sie ihr Kind zur Schule und merkte, dass sie mit den befreundeten Müttern nichts mehr zu tun hatte. Sie hatte keine Zeit und die Gespräche interessierten sie nicht mehr. Es war alles so langsam und so belanglos. Zu ihrem Erschrecken wurde ihr klar, wie weit sie sich von ihrem früheren Leben entfernt hatte.

Das Bauen übertönte die Stimme der Humanität.
Und das war nur der Anfang.
Das Bauen würde weitergehen.
Immer weitergehen.

Da hörte man:
> *Heran! Das muss verhindert werden.*
> *Heran! Diese Sprache muss auseinanderfallen.*
> *Diese Einheitssprache muss ein Ende haben.*

Nach dem zweifachen „heran – lasst uns bauen“ am Anfang der Erzählung hören wir wie sich in einem zweifachen „heran – das muss verhindert werden“ – eine Gegengeschichte zu Wort meldet. Eine Intervention findet statt. Auch hier haben wir es nicht mit einem historischen Bericht zu tun über ein Ereignis, das früher einmal passiert ist. Die Erzählerinnen und Erzähler benutzen vorhandene Erzählungen und Mythen um in diesen Bildern ihre Hoffnung auf Befreiung zu artikulieren. Die Intervention ist eine alte Vision. Sie ist Zukunftsmusik aus einer geheimnisvollen Vorzeit.

Exkurs

Ein Bauwerk, das in den biblischen Erzählungen positiv dargestellt wird, ist die (tragbare) Hütte. Die Hütte hat kein Fundament. Sie ist ein Zeichen dafür, dass man sich nur vorübergehend niedergelassen hat. Sie erinnert daran, dass die Menschen, deren Erzählungen wir lesen, oft unterwegs waren. Dazu gehört vor allem die Reise durch die Wüste, nach dem Auszug aus Ägypten. Unterwegs-Sein kennzeichnet die biblische Geschichte. Nicht nur weil wir es mit einem nomadischen Hintergrund zu tun haben, nicht nur, weil der Weg durch die Wüste eine wichtige Periode in der Geschichte des Volkes ist, sondern weil alle Menschen nach biblischem Empfinden unterwegs sind, solange nicht alle Menschen angekommen sind und in Frieden leben können.
Als bleibende Erinnerung an den Weg durch die Wüste und als Zeichen, dass niemand ankommt, solange nicht alle angekommen sind, wird im Judentum auch heute noch einmal jährlich das sogenannte Hüttenfest (*Sukkot*) gefeiert. Eine Woche lang wohnen die Menschen so oft wie nur möglich in einer Hütte, die draußen im Garten oder auf dem Balkon gebaut wird. In einer Zeit, in der Millionen Menschen fliehen müssen, wäre es ein starkes Zeichen der Solidarität, wenn die Kirche Aspekte des Hüttenfestes aufgreifen würde. Man stelle sich die Symbolkraft vor, die sichtbar wird, wenn die Kirche sich entscheidet, eine Hüttenstadt für Menschen auf der Flucht zu bauen, statt restaurative Bauprojekte wie die Garnisonskirche in Potsdam.

Eine Gegengeschichte

Die Geschichte der babylonischen Sprachverwirrung hat im Neuen Testament ein Gegenstück. Berichtet wird von einer neuen Intervention an einem Festtag in Jerusalem.

Als „das 50-Tage-Fest" erfüllt wurde,
waren die Jüngerinnen und Jünger Jesu alle an
einem Ort beisammen.
Plötzlich wehte ein frischer Wind in dem Raum,
in dem sie waren.
Es war wie ein gewaltiger Sturm, der alle mitnahm.
Es war wie ein Feuer, das alle erfüllte.
Alle waren begeistert.
Alle verstanden einander.

Es waren in diesen Tagen viele bibelfeste Jüdinnen und Juden aus vielen Nationen nach Jerusalem zum Fest gekommen. Als sie hörten, was passierte, gingen sie hin und wunderten sich, dass jeder und jede sich von der Aktualisierung der Vision angesprochen fühlte. Eine neue Begeisterung schien alle Barrieren der Verständigung zu überbrücken. Wie war das möglich?

Es gibt in der Erzählung einen wichtigen Hinweis auf die Grundlage der gemeinsamen Verständigung. Am Anfang der Geschichte heißt es:

Als „das 50-Tage-Fest" erfüllt wurde,
waren die Jüngerinnen und Jünger Jesu alle
an einem Ort beisammen.

Mit dem „50-Tage-Fest" ist ein Pilgerfest gemeint, an dem Jüdinnen und Juden nach Jerusalem ziehen, um „die Gabe des Gesetzes" zu feiern. „Das Gesetz" ist der Ausgangspunkt der Aktualisierung und der Begeisterung. Aber, was ist „das Gesetz"? Das Gesetzt ist weniger gesetzlich als wir denken.

Es ist auf hebräische die *Thora*, und das heißt übersetzt „Weisung“. Gemeint sind die Zehn Gebote, die Israel „50 Tage“ nach der Flucht aus Ägypten in der Wüste, auf dem Weg in die Freiheit, bekommen hat. Gemeint ist das ganze Alte Testament mit den vielen Erzählungen, Gesetzen, Verordnungen und Aktualisierungen. Der befreiende Auszug aus Ägypten und die „Gabe des Gesetzes“ (am 50. Tag) sind eng verknüpft, denn Befreiung und Gesetz gehören zusammen. Freiheit braucht Regeln, die verhindern, dass aus Freiheit das Recht der Stärkeren wird. Freiheit braucht eine Ordnung, die das Recht der schwächeren Menschen aktiv schützt. Befreiung und Gesetz brauchen einander. Immer wieder neu. Pfingsten erzählt von einer solchen Erneuerung. Die Thora, die Weisung, wird neu verstanden und die Menschen sind begeistert. Damit fällt die alte Ordnung als gemeinsame Grundlage nicht weg. Erfüllung heißt nicht, dass das Alte ersetzt wird und keine Rolle mehr spielt. Das Alte wird neu interpretiert, neu ausgelegt, und ... neu in Kraft gesetzt. Wir haben es also mit einer Erneuerung innerhalb der jüdischen Tradition zu tun.
Die Begeisterung, von der im Text die Rede ist, ist kein Strohfeuer, das kurz und heftig brennt und sich dann wieder verflüchtigt. Die Begeisterung der in Jerusalem versammelten Menschen gründet auf einer vernünftigen Auslegung der tradierten Weisung. Der Weg einer gelebten Gemeinschaft, den Jesu bis zum Ende seines Lebens gegangen ist, hat ihnen eingeleuchtet und sie inspiriert, sich der Überlieferung auf einer neuen Weise zuzuwenden.

Die Geschichte hat allerdings gezeigt, wie schwierig solche Erneuerungen sind. Der neue Geist, der das ganze Volk als Gemeinschaft erneuern wollte, hat zu einer Spaltung geführt. Das Fundament hat nicht gehalten. Synagoge und Kirche haben sich voneinander getrennt.

Während in der Geschichte des Turmbaus zu Babel die eine Sprache der Herrschaft im Namen der Humanität zerstreut wird, wird in dieser Geschichte die Einheit im Namen der Humanität wieder hergestellt, ohne die Diversität aufzuheben.

Viele Menschen werden von der Vision einer solidarischen Gemeinschaft begeistert. Sie verstehen einander. Sie bilden eine Einheit in bleibender Verschiedenheit. Sie sprechen eine Sprache – in vielen Sprachen.

Die eine Sprache, die alle verstehen, ist die Sprache der Humanität. Es ist das Leben Jesu: Brot teilen, Heilung, Solidarität. Es ist seine Geschichte, es ist sein Geist, der gegenwärtig ist und alle ansteckt.

Pfingsten reloaded

Pfingsten (das Fest am 50. Tag) lebt von der Verheißung, dass alle Menschen sich in ihren verschiedenen Sprachen und verschiedenen Kontexten in der einen Botschaft der Humanität wiederfinden. Diese Verheißung stößt in unserer Gesellschaft zunehmend an ihre Grenze, weil die Botschaft in einer religiösen Sprache „gefangen" ist. Die Folge ist eine erneute, heillose Sprachverwirrung.

Ich möchte nicht wissen, wie viele Menschen bei dem Wort „Gott" an das Schicksal denken, oder an „ein allmächtiges Wesen, das im Himmel alles lenkt", oder an „irgendetwas, das es doch irgendwie gibt". Für uns ist der Bundespräsident kein Gott. Das Geld ist kein Gott. Wir nennen das, woran wir unser Herz hängen und wovor wir auf die Knie gehen, nicht mehr Gott. Das macht die Verständigung darüber, dass in der biblischen Erzähltradition nicht irgendwelche Menschen oder Mächte, sondern die Stimme der Humanität „Gott" genannt wird, nicht unmöglich, aber schwierig.

Hinzu kommt eine andere Sprachverwirrung, die in einer Gesellschaft entsteht, die ihr gemeinsames geistiges Fundament verliert und ökonomisch auf Flexibilität und Individualisierung setzt. Jede und jeder bastelt sich das eigene Sinn-Häuschen und verschönert es mit irgendeiner geistigen Blume, die er oder sie zufälligerweise irgendwo gefunden hat. Auf diese Weise entstehen unzählige individuelle Mischungen – ein wenig christlich, ein wenig buddhistisch, ein wenig esoterisch und viel „nichts".

Wir werden die alte Verbundenheit in der christlichen Erzählung nicht wiederherstellen können. Es führt kein Weg zurück in die Vergangenheit. Wir werden lernen müssen, damit umzugehen, dass wir es mit vielen kleinen und wenigen großen Kollektiven zu tun haben, die sich alle auf ihre Weise mit der vorhandenen Sprachlosigkeit beschäftigen. Dazu gehören die verschiedenen Religionsgemeinschaften in unserer Gesellschaft, aber auch die neuen Mischungen, die uns vielleicht gelegentlich abschrecken mögen. Und dazu gehören die Initiativen, die grenzüberschreitend auf der Suche sind nach verbindenden Weisheiten und Wahrheiten in allen Religionen und Weltanschauungen. Einige Beispiele sind: „Stiftung Weltethos", „das neue Wir" (in den Niederlanden), das „Institute for human Values" oder „die Erdcharta".

Ich muss in diesem Zusammenhang immer an Bas Wielenga denken, einen niederländischen Theologen, der viele Jahre in Indien gewohnt und in enger Verbindung mit den sozialen Bewegungen vor Ort in einem theologischen Institut unterrichtet hat. Er lehrte uns, dass die wahre Trennungslinie nicht zwischen den Religionen verläuft. Die Frage ist nicht, ob Du zum Islam, Christentum oder Hinduismus gehörst, sondern, ob Du dafür bist, dass das Brot geteilt wird. Diese Trennungslinie – für oder gegen das Teilen des Brotes – ist entscheidend und sie läuft quer durch alle Religionen hindurch. Bas Wielenga selber hat seine eigene Tradition geliebt, hat aber verstanden, dass „die Wahrheit" auf dieser Erde eine gemeinsame Angelegenheit ist, die über die eigene Liebe hinausgeht.

Es ist gut, dass es viele Menschen gibt, die sich um geistige Verständigung bemühen. Wir müssen verhindern, dass die Sprachverwirrung am Ende zu einer Sprachlosigkeit führt und somit die Verständigung über das gemeinsame Fundament „des Gesetztes", über die Regeln, die gemeinsames Leben ermöglichen, gefährdet. Ich verstehe den Weg, den ich in diesem Buch beschreibe, als einen der vielen Versuche, der Sprachlosigkeit entgegenzuwirken.

2. Der brennende Dornbusch

Die Erzählung, die in diesem Kapitel zentral steht, die Vision vom brennenden Dornbusch (2. Mose 3), ist für die biblische Botschaft von grundlegender Bedeutung. Wir hören wie eine solidarische, befreiende Kraft sichtbar wird und sich als „Gott Israels“ zu erkennen gibt. Diese Offenbarung ist eine Intervention auf dem Spielfeld der Götter. Wir befinden uns damit im Zentrum des Glaubens.

Die Erzählung fängt damit an, dass ein Mann auf der Flucht ist. Der Mann, er heißt Mose, hat erlebt wie seine Landsleute als fremde Sklavinnen und Sklaven auf einer der Großbaustellen Ägyptens ausgebeutet werden. Es sind Juden und Jüdinnen, die vor einer Hungerkatastrophe aus ihrem eigenen Land geflohen waren. Heute würde man sagen, dass sie Wirtschaftsflüchtlinge sind.

Mose hat gesehen wie einer seiner Landsleute misshandelt wurde. Er ist wütend geworden, hat helfen wollen und hat darauf losgeschlagen. Dadurch ist er selber in Schwierigkeiten geraten, so dass er um sein Leben fürchten musste. Mose kehrt daraufhin dem Ort des Unrechts und des erfolglosen Widerstandes den Rücken zu. Er läuft und läuft, bis er in der Wüste landet. Hier kann er zur Ruhe kommen und in sich gehen.

Die Wüste ist in den biblischen Erzählungen oft ein Ort des Rückzugs und der Besinnung. Mitten im „normalen“ Geschehen fehlt in der Regel die Zeit, um richtig nachzudenken. Mitten im Bekannten, das uns umgibt, fehlt die Möglichkeit der Unterscheidung für den richtigen Durchblick. In solchen Fällen sieht man oft „von außerhalb“ schärfer, was im Inneren los ist. So geht es Mose. Er muss nachdenken. Wie kämpft man gegen Unrecht in einer ausweglosen Situation? Wie kann Solidarität zwischen Menschen, denen Unrecht angetan wird, wachsen?

Nachdem Mose geflohen ist, hat er als Hirte Arbeit gefunden. Eines Tages begibt er sich mit seinen Schafen in die Wüste. Dort hat er eine Vision.

Ein Bote zeigte sich Mose
in der Lohe eines Feuers mitten aus dem Dornbusch.
Mose sah:
da, der Dornbusch brennt im Feuer,
doch der Dornbusch bleibt unversehrt.
Mose sprach:
Ich will doch hintreten
und ansehen dieses große Gesicht –
warum der Dornbusch nicht verbrennt.

In der Zeit der biblischen Erzählungen war es normal von Göttern zu reden. Ein Gott war eine Macht, die über das normale menschliche Maß hinausgeht. Die Frage war dann auch nicht, *ob* es solche Mächte gibt, denn es war evident, dass es sie gibt. Es gab viele Götter. Wer könnte die Macht des Donners, eines Vulkans oder auch eines Kaisers verneinen? Die Frage war und ist also nicht, *ob* es einen Gott gibt, sondern von *welchem* Gott wir reden, wenn wir das Wort „Gott“ benutzen. Der Pharao von Ägypten zum Beispiel, der als unterdrückende Macht in der Erzählung eine Rolle spielt, galt in seiner Umgebung als Gott. Die biblische Erzählung setzt sich damit auseinander, ob es auf dieser Ebene der Macht noch eine andere Stimme gibt, die auch etwas zu sagen hat. Und zwar nicht unterdrückend, sondern befreiend. An diesem Punkt setzt die Erzählung mit dem geheimnisvollen Bild an.

Mose will sich die fremde Erscheinung genauer anschauen. Er tritt näher und ... er hört eine Stimme.

Eine Stimme sprach:
ich habe die Unterdrückung der Menschen gesehen,
ich habe ihren Schrei gehört,
ich habe ihre Leiden erkannt.
Nieder zog ich,
sie aus der Hand der Unterdrücker zu retten,
sie aus jenem Land hinaufzubringen

in ein Land, gut und weit,
in ein Land, Milch und Honig träufend,
Nun,
der Schrei der Menschen ist zu mir gekommen,
gesehen habe ich ihren Schmerz.
Nun geh,
ich schicke dich zum Pharao, dem Unterdrücker,
führe meine Menschen aus dieser Lage hinaus!

Die jüdische Auslegungstradition hat den Dornbusch als ein Bild für das Leiden der Menschen verstanden. Mitten im Leiden zeigt sich aber ein nicht verbrennendes Feuer. Eine Leidenschaft, die nicht zerstört. Eine Treue, die nicht zu Asche wird. Eine Zuwendung ohne Burnout. Und in diesem Bild, mitten im Unrecht und Leiden, wird eine Stimme hörbar, die sich gegen Unrecht und Leiden stemmt. Das Leiden hat nicht das letzte Wort.

Mit anderen Worten: die Erzählerinnen und Erzähler sagen „Ja.“ Es gibt eine andere Stimme in der Geschichte der Menschheit. Es gibt eine Macht, die gegen die üblichen göttlichen Mächte, die Menschen klein machen und unterdrücken, die Stimme erhebt. Ich nenne sie in diesem Buch „die Stimme der Humanität“ beziehungsweise „das Geheimnis der Humanität“. Die Erzählungen nennen diese humane Macht in ihrem Kontext „Gott“. Sie sind umgeben von „Göttern“ und sagen: „Für uns gibt es nur einen Gott und das ist der Gott *dieser Erzählung.*“ Solidarisch im Unrecht und Leiden. Befreiend.

Für die Erzählung ist die Verknüpfung der besonderen Stimme der Befreiung mit dem allgemeinen Begriff „Gott“ beziehungsweise „Macht“ entscheidend. Für uns, die wir in einer säkularen Welt leben, ist die revolutionäre Aussagekraft dieser Verknüpfung – dass nicht der Pharao „Gott“ ist, sondern die Macht, die vom Pharao befreit – nicht mehr ohne weiteres nachvollziehbar.

In der Erzählung bekommt „die Stimme der Humanität" (bzw. die besondere „göttliche Macht" der Befreiung) einen eigenen Namen.

Mose sagte:
Wer bin ich, dass ich zum Pharao, dem Unterdrücker, gehe,
dass ich die Menschen aus ihrer Lage hinausführe!
Wenn ich komme, werden sie fragen:
Wer schickt dich?
In wessen Namen trittst du auf?
Was soll ich dann antworten?

Die Stimme antwortete, so sollst du sagen:
Ich werde dasein, als der ich dasein werde.
ICH BIN DA schickt mich zu euch.
Das ist mein Name.

Die geheimnisvolle Stimme, die zur Humanität ruft, wird in der hebräischen Sprache mit vier Buchstaben verbunden: JHWH. Dazu muss man wissen, dass die hebräische Sprache in der biblischen Zeit nur Konsonanten und keine Vokale kannte. Erst sehr viel später wurden die Vokale durch Pünktchen und Striche über und unter den Konsonanten hinzugefügt. Überraschenderweise wurden bei den vier Konsonanten JHWH Vokale hinzugefügt, die zu einem anderen Wort gehören und zwar zu dem Wort „Mein Herr". Die vier Konsonanten JHWH selber bleiben also unausgesprochen und mit Hilfe eines Umweges sagt man andeutungsweise, weil wir ohne sprechen nun mal nicht kommunizieren können, *Adonai* – was übersetzt also „Mein Herr" bedeutet. Deshalb hat Luther diese Stellen auch mit den hervorgehobenen Buchstaben HERR übersetzt. Wenn wir nun als Christen meinen, dass wir die Buchstaben JHWH als Jahwe oder Jehovah aussprechen können, ist das mehr als ein Missverständnis.
Franz Rosenzweig, der zusammen mit Martin Buber die Hebräische Bibel übersetzt hat, schreibt dazu:

Dass die protestantische Wissenschaft vom Alten Testament an dem Gebrauch von „Jahwe“ im Deutschen, wo es doch ohne alle Beziehung als ein nackter, sinnloser Name dasteht, so starr festhält ..., diese Degradierung des Gottesnamens zu einem Götzennamen ist aus rein wissenschaftlichen Gründen nicht zu begreifen; sie ist eine mit modernen Kriegsmitteln unternommene Fortführung des alten theologischen Kampfs gegen das „Alte Testament“ ... Die jüdische Bibel ruft: Eli Eli! Mein Gott, mein Gott! Und die Alttestamentler schütteln den Kopf und erklären: Er rufet dem Elias.

Rosenzweig und Buber selber haben sich für die Übersetzung des Namens JHWH mit ICH BIN DA entschieden. Sie verstehen den Namen in der Erzählung als ein Wortspiel mit dem Verb „geschehen/da sein“, das aus denselben Konsonanten besteht. Deshalb übersetzen sie:

Die Stimme antwortete, so sollst du sagen:
Ich werde dasein als der ich dasein werde
mit anderen Worten: ICH BIN DA
schickt mich zu euch.
Das ist mein Name.

Auf seine Frage, mit wem er es in seiner Vision zu tun hat, bekommt Mose keine einfache Antwort. *„Ich werde da sein, als der ich da sein werde“* klingt wie: *Du wirst schon sehen!* Die Befreiung wird kommen. Die Humanität wird sich durchsetzen. Du kannst darauf vertrauen.

Die biblischen Erzählungen legen viel Gewicht darauf, dass die Menschen sich von der befreienden Macht, die hier offenbart wird, kein Bild machen. Wir können ohne Bilder nicht kommunizieren, aber Bilder sind gefährlich, weil sie etwas oder jemanden festlegen. Deshalb müssen die Bilder auch immer wieder durch einen Bildersturm gesprengt werden. Auch aus dem Namen „ICH BIN DA“ darf kein Bild werden – ob wir den Namen mit Luther übersetzen als „HERR“ oder mit Buber/

Rosenzweig als „ER“. Die Weigerung, den Namen auszusprechen, ist ein Hinweis, wie wichtig dieses Bilderverbot ist. Es geht dabei um Respekt und um Vorsicht. Es soll verhindert werden, dass jemand diesen Namen für sich in Anspruch nimmt. Die Stimme der Befreiung wird laut, und bleibt doch verborgen. Der Geist der Befreiung weht, wo er will, und niemand kann diesen Geist zähmen, geschweige denn instrumentalisieren.

Wenn es in den biblischen Erzählungen heißt, dass die Menschen zum Bilde Gottes geschaffen wurden, will das sagen, dass alle Menschen in ihrer Einheit und Verschiedenheit gerufen sind, der Stimme der Befreiung eine Gestalt zu geben. Das bedeutet aber auch, dass das Bilderverbot für die Menschheit als Ganzes und für jeden Menschen individuell gilt. Wir machen immer Bilder voneinander. Ohne Bilder können wir nicht leben und kommunizieren. Aber niemand sage: „So ist der Mensch nun mal!“ Was wir als einzelne und als Menschheit sein werden, ist noch nicht sichtbar geworden. Deshalb brauchen wir immer wieder einen befreienden Bildersturm – quer durch alle Festlegungen hindurch.

„*Nun geh*“, hat die Stimme zu Mose gesagt.
Die Vision der Humanität braucht Dich und Dein Engagement. Aber Du solltest wissen: Du bist nicht allein. ICH BIN DA. Das heißt: Es hat schon immer Menschen gegeben, die sich gegen Unrecht und Gewalt wehren. Es gibt sie auch jetzt – auch wenn Du sie nicht siehst. Und es wird sie immer geben. Auch nach Deinem Tod. Es gibt in der Geschichte der Menschheit die Stimme der Menschlichkeit, die auch Dich ruft. Die Menschheit braucht Dein brennendes Herz, Deine brennende Liebe – aber Du darfst Dich nicht verbrennen. ICH BIN DA.
HIER BIN ICH, antwortet Mose. Das heißt: Ja, ich mache mit.

Exkurs

Es gibt ein schönes Detail in der Erzählung, dass das Bilderverbot zum Ausdruck bringt. Am Anfang der Erzählung, wenn wir hören, dass Mose näher treten will, um die Erscheinung zu sehen, sagt der Bote:

Nahe nicht herzu,
streife deine Schuhe von deinen Füßen,
denn der Ort, auf dem du stehst,
Boden der Heiligung ist's.

Die Erzählerinnen und Erzähler sagen: „Boden der Heiligung" und nicht „heiliger Boden". Denn nichts auf dieser Erde *ist* heilig. Es gibt keine heiligen Buchstaben, keine heiligen Häuschen und kein heiliges Land. Aber alles ist zur Heiligung gerufen. Alles kann sich von der Stimme der Humanität berühren lassen. Es kommt auf das Geschehen an, nicht auf den Zustand. Kurz ist sie da – die Offenbarung, die geheimnisvolle Stimme der Befreiung, der Humanität – und schon ist sie wieder weg. Sie *ist* da, *solange sie geschieht.*

2.3.08

3. Parteilichkeit

Die Bibel erzählt die Menschheitsgeschichte von Anfang an als Familiengeschichte. Alle Menschen stammen von einem Menschenpaar, von Adam und Eva, ab. Auf diese Weise wird deutlich gemacht, dass alle Menschen Geschwister sind. Egal welche Hautfarbe sie haben, egal wie sie aussehen, egal zu welchem Geschlecht sie gehören, egal ob sie arm oder reich sind: Alle haben die gleiche Würde. Genauso grundlegend wie diese Geschwisterschaft aller Menschen ist für die biblische Überlieferung die Parteinahme für die Geringsten unter den Menschen. Letzteres ist ein notwendiges Korrektiv, um dem ständigen Auseinanderfallen der Menschen in arm und reich, schwarz und weiß, oben und unten entgegenzuwirken und die gemeinsame Basis wieder herzustellen. In der Geschichte von Kain und Abel (1. Mose 4) ist diese Erkenntnis in den ersten Erzählungen über die Menschheitsfamilie festgehalten.

Kain und Abel

(1. Mose 4)

Adam schlief mit Eva, seiner Frau.
Sie wurde schwanger und gebar Kain.
Sie wurde wieder schwanger und gebar
seinen Bruder, Abel.
Abel wurde ein Schafhirt, Kain wurde Ackerbauer.

Es geschah nach einiger Zeit:
Kain spendete im Namen der Humanität
einen Teil seiner Ernte
und auch Abel spendete im Namen der Humanität einen Teil seiner Herde.
Abel wurde für seine Spende bedankt.
Kain nicht.
Das störte Kain sehr – er senkte seinen Blick.

Eine Stimme wurde laut:
Warum?
Warum Kain, hast Du Deinen Blick gesenkt?

Es geschah, als sie beide auf dem Feld waren,
tötete Kain seinen Bruder Abel.

Der Vorgang ist auf den ersten Blick gelinde gesagt merkwürdig. Mit welchem Recht werden die Brüder so ungleich behandelt?

Eine gängige Erklärung ist, dass mit Kain und seiner Spende etwas nicht stimmt. Das ist vielleicht nicht sofort sichtbar, aber wenn man genauer hinschaut, so heißt es dann, würde man sehen, dass die Spende Kains nicht so gut ist wie die Abels. Kain hat vielleicht sogar heimlich das Beste zurückgehalten und das Schlechtere gespendet. Und sogar dann, wenn man nichts merkt, dann noch muss bei Kain etwas nicht stimmen. Seine Absichten sind vielleicht nicht richtig. Oder ...

Andere Auslegungen erklären den merkwürdigen Vorgang mit dem Leben im Allgemeinen. Das Leben ist nun einmal so. Das Leben ist nicht gerecht, aber wir müssen alle lernen, damit umzugehen. Der Mensch muss in seinem Leben lernen, neidlos mit Misserfolgen umzugehen. Es mag sein, dass Kain Recht hat, wütend zu sein, weil er zu Unrecht übergangen wurde. Aber das gibt ihm noch nicht das Recht, seiner Wut freien Lauf zu lassen. So gibt es viele Versuche, das, was uns in der Erzählung ärgert, zu erklären. Ich finde die Erklärungen wenig befriedigend und möchte eine andere hinzufügen, die ich von meinen geistigen Vätern und Müttern gehört habe und die meiner Meinung nach besser verständlich macht, worum es in der Erzählung geht.

Kain ist der erstgeborene Sohn. Er ist das zukünftige Oberhaupt der Familie. Er wird die Verantwortung für die Familie tragen und wird deshalb auch zweimal so viel erben wie alle anderen Söhne. Neben ihm steht Abel, der Zweite, der jüngere, der kleinere. Er ist, so wie sein Name übersetzt bedeutet: ein „Hauch“, ein „Nichts“. Das gibt es mit Zusammenleben der Menschen immer wieder. Einer geht voran, weil er älter ist oder mehr Erfahrung hat, oder weil er mehr Kraft mitbekommen hat. Die Frage ist, ob das ein Problem sein muss. Die Geschichte denkt über diese Grundfrage des menschlichen Zusammenlebens nach. Wie leben *stark* und *schwach* zusammen? Können sie friedlich zusammen leben? Führt ihr Zusammensein zur Geschwisterlichkeit, oder lebt der Stärkere doch eigentlich immer auf Kosten des Schwächeren?

Die Erzählung lebt davon, dass der Erste, der ja immer im Zentrum steht, übergangen wird und der Zweite ins Zentrum gerückt wird. Das will nicht sagen, dass Kain etwas falsch gemacht hat oder dass mit ihm etwas nicht stimmt. Seine Zurücksetzung bedeutet auch nicht, dass Kain abgelehnt wird. Nur geht der Dank, das Lob nicht gleichzeitig in alle Richtungen, sondern in eine bestimmte Richtung. Das muss kein Problem sein! Zumindest nicht dann, wenn Kain sich über die Hervorhebung seines kleineren Bruders freuen kann.

Die Frage: „Warum, Kain, warum stört es dich, dass Abel die ganze Aufmerksamkeit bekommt?", ist ernst gemeint. Kains Empörung ist nicht logisch, sondern kommt überraschend. „Warum Kain? Warum freust du dich nicht für deinen kleineren Bruder?"

Das Schwierigste für Kain ist meiner Erfahrung nach, dass er überhaupt nicht gefragt wird. Würde man ihn fragen, würde er wahrscheinlich „ja" sagen. Klar, natürlich ist es wichtig, dass Abel gelobt wird. Die darauf folgende Zuwendung würde dann von seiner Macht leben und diese nicht negieren – wie in der Erzählung.

Es geschah, als sie beide auf dem Felde waren,
da tötete Kain seinen Bruder Abel.
Die Stimme wurde wieder laut:
Kain, wo ist Abel, dein Bruder?
Kain sagte:
Ich weiß es nicht.
Bin ich meines Bruders Hüter?

„Wo ist Abel, dein Bruder?", lautet die biblische Grundfrage. Ver-*antwort*-ung tragen heißt Antwort geben auf diese Frage:

„Wo ist Abel, dein Bruder?“ Und ein *Gewissen* haben, heißt dass wir *wissen* um diese Frage.

Das biblische Grundschema der Humanität ist darum nicht eine Zweierbeziehung (der Mensch und seine Mitmenschen), sondern eine Dreiecksbeziehung, in der es diese überraschende dritte Stimme gibt: „Mensch, wo ist dein Mitmensch?“ Diese Stimme verkörpert das Geheimnis der Humanität.

Die Erzählung von Kain und Abel stellt an den Anfang der Bibel, dass die Humanität, um die es in diesem Buch geht, davon lebt, dass die gleichberechtigte Geschwisterlichkeit der Menschen immer wieder angefragt und korrigiert wird durch die einseitige Parteilichkeit für die, die am Rande stehen. Das Gleiche begegnet uns im Neuen Testament, wenn es heißt: „Selig die Armen“. Wie schwierig es ist, diese Einseitigkeit auszuhalten, sieht man daran, dass an dieser Stelle fast immer sofort die Frage gestellt wird: „Und die Reichen? Sind die nicht selig?“ Und auch hier wird in vielen Auslegungen versucht, die Härte der Parteilichkeit zu mildern oder gar wegzunehmen. An einer anderen Stelle in der Bibel heißt es nämlich: „Selig die Armen von Geist“. Und das sind wir ja schließlich alle – irgendwie.

Das erwählte Volk

Wenn wir sagen, dass Israel das erwählte Volk ist, geht das zurück auf die einseitige Aufmerksamkeit, die Abel zu Teil wird. Abel-Israel ist in der Bibel das erwählte Volk. Erwählt und zwar: um Verantwortung zu tragen. Abel-Israel wurde – so schreiben es die biblischen Autorinnen und Autoren – erwählt, um die Frage: „Mensch, wo ist dein Mitmensch?“ zu verkörpern und so das Gewissen der Menschheit wach zu halten. Die Geschichte hat gezeigt, dass diese Aufgabe keine dankbare Rolle ist. Elie Wiesel schreibt in „Adam oder das Geheimnis des Anfangs“:

Als Kain Gott seine Hand segnend oder als Zeichen der Erwählung ausstrecken sah, hätte er seinen Bruder eigentlich bedauern und bemitleiden sollen, denn teuer zahlt der Mensch für die Gunst des Himmels.

In diesem Sinne erklärt der niederländische Jude Abel (!) Herzberg 1944 in Bergen-Belsen in seinem Tagebuch den Antisemitismus der Nationalsozialisten:

„Die Juden haben das Gewissen erfunden", hat Adolf Hitler gesagt, und auf eine bestimmte Weise hatte er Recht. Hitler hat gespürt, dass dieses Volk die Frage nach dem Bruder, die Frage „Wo ist dein Bruder Abel?" verkörpert. Ein Herrenvolk, das davon lebt, sich auf Kosten von anderen groß zu machen, konnte diese Frage nicht ertragen und hat versucht, ihre Verkörperung zu vernichten.
(...)
Ja, nun weißt du, warum sie sich dem Judentum widersetzen. Ein Mensch muss ‚hart' sein. Von Metall. Aber die Bibel sagt, dass du gerecht sein musst. Und sie sagt es nicht nur so: Sondern ihre Stimme schreit, schreit in deinem eigenen Blut: ‚Kain, Kain, wo ist dein Bruder Abel?' Oh, schweige, schweige – verfluchte schwache Stimme. Du, der Schuld fühlst, ohne zu morden, lasse mich morden ohne Schuldgefühl. Weg mit den Juden."

Erwählung hat mit Verantwortung zu tun. Sie ist kein Privileg. Erwählung ist immer inklusiv zu verstehen und nicht exklusiv. Biblisch gesprochen geht es in Israel um die ganze Menschheit. Denn alle Menschen sind erwählt. Und alle Menschen sind verworfen, wenn sie sich weigern, dem Blick, der in Richtung Abels geht, nachzufolgen.

Die Auferstehung

Kain hat die Aufmerksamkeit, die seinem Bruder galt, nicht ertragen können. Er hat ihn getötet. Damit ist Kains Leben gefährdet. So fordert die traditionelle Blutrache den Tod Kains, um das Verbrechen zu sühnen. Die Gefahr ist groß, dass dadurch ein Kreislauf der Gewalt in Gang gesetzt wird. Doch es interveniert noch einmal eine befreiende Stimme:

Die Stimme der Humanität sagte:
Was hast du getan!

Höre! Das Blut deines Bruders schreit zum Himmel.
Verflucht bist du – aber du sollst leben.

Kain soll weiter leben. Auch das gehört zur Humanität: dass die Kette der Gewalt unterbrochen wird. Damit ist die Erzählung allerdings noch nicht zu Ende. Das schützende Wort an Kain ist Gott sei Dank nicht das letzte Wort der Geschichte.

Adam schlief noch einmal mit seiner Frau.
Sie gebar einen Sohn und rief seinen Namen:
Schet (Stellvertreter)
denn: er wird für Abel leben, weil Kain ihn erschlug.

Eva gibt dem neuen Sohn den Namen „Schet" (Stellvertreter) und stellt ihn damit in die Fußspuren des ermordeten Abels. Denn Unrecht und Tod dürfen in der Geschichte nicht das letzte Wort haben. Schet kann Abel nicht ersetzen, aber er kann *im Namen Abels* die Vision der Humanität festhalten, dass Geschwisterlichkeit möglich ist. Insofern ist Schet auch eine Chance für Kain, dass er nicht für ewig auf seine Tat festgelegt ist. Kain kann umkehren.

Die Weigerung der biblischen Tradition, sich mit der Ermordung Abels abzufinden, wird später einen Ausdruck finden in der Vorstellung der Auferstehung aus dem Tod. Die Vorstellung der Auferstehung aus dem Tod ist vielleicht neu, aber sie findet ihren Anfang in der Erzählung Abels und Schets. Die Erzählungen gehen von Anfang an bis an die Grenze des Fassbaren. Weil Unrecht nicht siegen darf.

In den Worten des Philosophen Theodor Adorno: „Wenn es wirklich Gerechtigkeit in der Welt geben soll, dann muss es eine Gerechtigkeit für immer und für alle, und damit auch für die Verstorbenen sein. Es muss eine Gerechtigkeit sein, die das unwiderruflich Vergangene widerrufen und gutmachen kann. Es muss folglich die Auferstehung der Toten geben."
Es muss sie geben.
Weil Unrecht nicht siegen darf.

Die Auferstehung aus dem Tod ist unfassbar. Sie kann uns aber tragen, so wie ein Lied uns tragen und beflügeln kann.

Romulus und Remus

Wie außergewöhnlich die Erzählung von Kain und Abel ist, zeigt ein Vergleich mit der Gründungslegende Roms. Auch an Roms Anfängen stehen zwei Brüdern und auch hier tötet der Ältere, Romulus, seinen jüngeren Bruder, Remus. Doch wo die biblische Geschichte zugunsten Abels eingreift, geschieht hier nichts dergleichen. Die Geschichte geht weiter mit Romulus. Romulus erbaut Rom. Rom, so wird erzählt, ist die Geschichte des Siegers.

Wie anders ist die Entscheidung der biblischen Autorinnen und Autoren. Sie halten angesichts Abels inne. Ein Stellvertreter, Schet, wird geboren, und seine Geschichte wird weiter erzählt. Mit Schet wird Abel bleibend ins Zentrum gerückt. Denn die Bibel schreibt die Geschichte Schets weiter. Aus Schet, aus dem Stellvertreter Abels, werden Abraham, Israel und Jesus geboren werden. Die Geburt Schets markiert eine Grundentscheidung, die der biblischen Erzähltradition ihre Gestalt gegeben hat. Abel, der ermordete Bruder, soll aufstehen und Geschichte machen. Anders als Rom erzählt die Bibel die Geschichte der Opfer.

Die Bibel erzählt diese Geschichte „von unten" sehr realistisch. Denn, was passiert wenn Abel aufsteht und Macht bekommt? Gibt es überhaupt eine Herrschaft, die nicht auf Kosten der Schwächeren geht? Schonungslos wird in vielen Erzählungen aufgedeckt und erzählt, dass die neue Macht der auferstandenen Opfer sich mit der bekannten Macht- und Gewaltgeschichte vermischt. Aber der Ton ist gesetzt. Die Stimme der Humanität hat sich zu Wort gemeldet und wird nie mehr aufhören zu rufen.

Der amerikanische Schriftsteller Myron Levoy gibt in seinem Buch „Der gelbe Vogel“ ein schönes Beispiel für das, was die Bibel unter Erwählung versteht. Schauplatz ist eine us-amerikanische Kleinstadt. Alan Silverman sitzt mit seinen Eltern am Küchentisch. Seine Mutter ist an diesem Abend in Gedanken mit ganz anderen Dingen als mit dem Abendbrot beschäftigt:

Sie aß nur wenig. Als sie abräumte, sagte sie: „Jetzt will ich reden.“ So, genauso, begann sie immer, wenn sie etwas Ernstes besprechen wollte. (...)
„Ihr kennt Mrs. Kirschenbaum und ihre Tochter Naomi, ja? Sie wohnen bei den Liebmans.“ Alan wusste Bescheid. Das war die Verrückte.
„Ihr müsst wissen, sie haben viel mitgemacht bei der Flucht aus Frankreich. Viel. Viel. Sie mussten sich verstecken unten im Abwasserkanal, vier Tage ohne Essen. (...) Das Kind hat schlimme Sachen erlebt. Das Schlimmste, was es gibt. Die Nazis haben ihren Vater umgebracht, ihr wisst das. Aber hört zu. Sie haben ihn totgeschlagen, vor den Augen dieses Kindes, acht Jahre alt. Diese Tiere... Die Mutter kommt heim, von der Nachbarin oder sonstwo, da liegt er im Blut. Das Mädchen daneben. Will das Blut abwischen, als könnte ihn das wieder lebendig machen. Das Kind war von oben bis unten voller Blut. Das Blut ihres Vaters.“
„Gut, Ruth. Wir wissen, was sie für scheußliche Dinge machen.“
Alan versuchte, sich das alles vorzustellen, aber es war unmöglich. Er sah nur schwarzweiße Bilder wie in manchen Kriegsfilmen, die er gesehen hatte. Selbst das Blut war grau.
„Ihr Mann war bei der französischen Widerstandsbewegung. Ein Jude. Das genügte ihnen. Sie fanden ihn. Sie schlugen ihn tot. So war das. Aber seine Tochter, Naomi, sie ist nie wieder so geworden, wie sie war. Nicht verrückt.

Nur... anders. Das war vor vier Jahren. Es ist sehr schwer für die Mutter. Manchmal geht es besser mit dem Mädchen, manchmal schlechter." „Ma, sie sah aus – du willst nicht, dass ich es sage, aber mir kam sie wie eine Geisteskranke vor." „Sie braucht Hilfe. Viel Hilfe. (...) Das Mädchen braucht Freunde. Andere Kinder in ihrem Alter. Nette Kinder. Ein paar nur. Eines! Aber wer ist da? Die Liebmans haben einen Sohn, der ist Soldat, das nutzt uns nicht. Niemand ist da in Naomis Alter. Bevor sie wieder in die Schule geht, sagt der Arzt, muss sie lernen zu spielen. Und vertrauen. Das ist das Wort: Vertrauen."

Alan spürte, wie sich ein Netz, ein riesiges Fischernetz, auf ihn herabsenkte, und er wusste, er musste sich jetzt ganz schnell in Sicherheit bringen.

„Nicht mit mir", sagte er. „Sie ist ein Mädchen. Und hat eine Meise. Nicht mit mir."

„Alan, habe ich dich gefragt?"

„Ja."

„Lass deine Mutter reden, Alan", sagte der Vater. „Bis zum Ende."

„Gut, Alan. Ich weiß, dein Baseball ist sehr wichtig."

„Schlagball!"

„Aber es gibt andere Dinge auf der Welt."

„Warum gerade ich?"

„Da ist niemand sonst."

„Nein!"

„Du brauchst nur – hinauf zu gehen, einmal am Tag. Nach der Schule. Eine Stunde. Eine halbe Stunde. Du gehst, und sitzt da. Ganz ruhig. Vielleicht nimmst du –"

„Nein. Nein. Nicht mit mir." (...)

„Alan, ich bitte nicht für mich."

„Ich mach's nicht. Ich hab' sowieso schon genug am Hals. Ein paar von den Jungs nennen mich schon Schisser. Eine Sache kann ich, und das ist Schlagball. Das ist das einzige, wo ich gut bin. Das einzige. Ich habe einen Freund in der

Straße, und damit hat sich's. Und der lässt mich dann sitzen. Ein Mädchen! Und dann noch verrückt!"
„Sol, sag du etwas! Ich geb's auf."
„Dad, ich kann's nicht. Das ist nicht fair. Zwing mich nicht, bitte!"
Sein Vater dachte nach, und Alan schöpfte Hoffnung. Sein Vater dachte nach, statt sofort etwas zu sagen, das war ein gutes Zeichen. Vielleicht verstand ihn sein Vater.
„Alan", sagte sein Vater. „Wir können dich nicht zwingen. Nein. Du hast recht. Es ist nicht fair. (...) Nein, wir zwingen dich nicht. Aber – erlaube mir ein Aber. In unserem Leben, Alan, manchmal wenn wir jung sind, manchmal wenn wir alt sind, einmal, zweimal in unserem Leben werden wir aufgerufen, etwas zu tun, was wir nicht tun können. Was wir nicht tun wollen. Und wir tun es."
„Also ich nicht."
„Wir werden sehen... Warum tun wir es? Es ist ein Geheimnis. Vielleicht um uns zu beweisen, dass wir doch mehr können, als wir uns zugetraut haben. Du hast mich gefragt, Alan, ich weiß es noch, du hast mich oft gefragt: „Wie kann Gott zulassen, was die Nazis tun? Was Hitler tut? Wo ist Gott?", hast du gefragt. Das waren die schwersten Fragen in meinem Leben. Es ist nicht leicht. Es ist nicht einfach. Wie wenn man fragt, warum Menschen sterben. Du hast gesagt, du glaubst nicht an Gott. Ich weiß, ich habe gesagt, eines Tages passiert vielleicht eine seltsame Sache. Dass Gott dich findet. Unerwartet. Wenn du nicht daran denkst. Kann es sein, dass es das ist, worum es geht? Ich bin ein altmodischer Mann. Ich glaube das. Also wir werden sehen. Ich will nur, dass du an all das denkst heute Nacht. Aber ich will auch, dass du weißt: Ich zwinge dich nicht, etwas zu tun, was du nicht tun kannst. Denk darüber nach! Einverstanden?"
„Warum gerade ich?"
„Vielleicht, weil du Glück hast."
(Myron Levoy, Der gelbe Vogel, München, 1996,14-19)

jeden Tag auf dem Weg
30.4.

4. Der Weg der Versöhnung

Mit der Geschichte von Kain, Abel und Schet richtet die Bibel von Beginn an den Blick auf die Menschen am Rande der Gesellschaft. Kain konnte sich nicht darüber freuen, dass sein kleiner Bruder ins Zentrum gerückt wurde. Er hat ihn dafür getötet. Das kann und darf nach biblischer Sicht der Dinge nicht das Ende der Geschichte sein. Die unverantwortliche Macht darf nicht siegen. Deshalb wurde Schet als Stellvertreter Abels geboren. In ihm soll Abel auferstehen und seine Geschichte als Geschichte der Opfer in der Bibel erzählt werden.

Aber was passiert wenn Abel aufsteht und mächtig wird? Wird Schet, werden Schets Nachfahren, sich wie Kain benehmen? Werden sie die neuen Abels, die es immer wieder geben wird, beiseiteschieben oder werden sie in Erinnerung an Abel eine Gemeinschaft aufbauen, in der die Menschenrechte aller Menschen geschützt sind? Mit dieser Frage setzt sich die Geschichte von Jakob und Esau auseinander (1. Mose 32). Wieder haben wir es mit zwei Brüdern zu tun. Wieder stehen wir am Anfang der Erzählung vor der Frage, wie der Erstgeborene, Esau, auf seinen jüngeren Bruder reagieren wird. Und wiederum ist der Zweite gefährdet, denn wir hören, dass Esau die Verantwortung, die mit seiner Erstgeburt verbunden ist, verachtet.

Jakob und Esau

Die Erstgeburt ist mit einem doppelten Erbanteil verbunden, denn der Erstgeborene trägt später die Verantwortung für die ganze Großfamilie. In einer Segnung durch den Patriarchen – denn die Großfamilie war damals patriarchal organisiert – wird das Erbe übergeben und die damit verbundene Verantwortung weitergereicht. Isaak, der Vater Esaus und Jakobs, wird seinen Erstgeborenen, Esau, segnen. Zugleich wird uns erzählt, dass Esau auf Verantwortung pfeift. Die Geschichte scheint sich zu wiederholen. Wie Kain und Abel, so Esau und Jakob. Doch dann gibt es eine überraschende Wende der Geschichte.

Anders als Isaak, der nichts aus der Geschichte gelernt zu haben scheint, sieht seine Frau Rebekka, die Mutter der beiden Brüder, das Unglück kommen. Sie weiß, wenn Esau die Macht bekommt, hat Jakob, und nicht nur er, nichts zu lachen. Also plant sie, ihren Mann zu überlisten, damit der Segen bei Jakob landet. Jakob soll sich für Esau ausgeben. Und der Plan gelingt. Isaak, der fast blind ist, merkt nichts. Die Allianz von Mutter und kleinerem Bruder hat Erfolgt. Jakob wird gesegnet.

Als der Betrug entdeckt wird und Esau gegen den Verlust protestiert, wird klar, dass der Segen nicht zurückgenommen und auch nicht geteilt werden kann. Es gibt nur einen Segen. Einer bekommt ihn und zwar für alle.

Die Frage ist jedoch, und das ist das Thema der Erzählung von Jakob und Esau, ob auf dem Weg des Betrugs wirklich Segen ruhen kann. Auch wenn die Mutter und der jüngste Sohn zu Recht gegen den Vater und den Erstgeborenen aufgestanden sind, haben sie dabei ihre Hände schmutzig gemacht und Schuld auf sich geladen haben. Auf jeden Fall ist der Frieden, um den es beim Segen letztendlich geht, verloren. Denn die Realität ist: Esau will Jakob töten und Jakob flieht ins Ausland.

Jakob verbringt viele Jahre im Ausland im Exil. Dort wird er selbst betrogen und erfährt am eigenen Leibe, was es bedeutet hintergangen zu werden. Es geht ihm allerdings materiell immer besser und eines Tages entscheidet er sich, nach Haus zurückzukehren. Weil er nicht weiß, wie sein Bruder auf seine Heimkehr reagieren wird, trifft er einige Vorbereitungen.

Jakob sandte Boten zu Esau seinem Bruder,
er sagte: So sprecht zu meinem Herrn, zu Esau:
So hat dein Knecht Jakob gesprochen:
Ich bin arm weggegangen und nun bin ich
reich zurückgekommen,
möge ich doch Gnade in deinen Augen finden.

Die Boten kehrten zu Jakob zurück
und meldeten ihm:
Dein Bruder, Esau kommt Dir mit
vierhundert Mann entgegen.
Jakob fürchtete sich sehr.

Es war Nacht.
Jakob stellte ein Geschenk zusammen
für Esau seinen Bruder,
200 Ziegen und 20 Böcke, 200 Schafe und
20 Widder, 30 Kamele, 40 Färsen und
10 Farren, 20 Graustuten und 10 Fohlen.
Er gab alles seinen Knechten und sagte:
Geht voran und lasst Raum zwischen den Gaben.
Er gebot dem ersten, wenn mein Bruder
Esau auf dich stößt und fragt wer du bist
und wem das alles gehört, dann antworte:
Das ist ein Geschenk von Jakob,
deinem Knecht für meinen Herrn Esau.
Er selber kommt etwas später.
Er gebot dem zweiten und dem dritten
genauso vorzugehen.
Denn Jakob hatte überlegt:
Ich will sein Gesicht versöhnen mit dem Geschenk.
Ich möchte sein Gesicht sehen
vielleicht hebt er sein Gesicht zu mir auf –
und schaut mich an.

Jakob hofft und arbeitet darauf hin, dass Esau seinen Blick heben wird, so dass beide Brüder einander in die Augen schauen können. Seine Strategie ist, die Konfrontation hinauszuzögern. Er verteilt sein Habe, so dass Esau sich nicht nur einmal, sondern mehrmals mit der Begegnung auseinandersetzen muss. Außerdem minimiert Jakob auf diese Weise das Risiko, dass ihm alles auf einen Schlag verloren geht. Zur Jakobs Strategie gehört auch, dass er sich selbst klein und seinen Bruder groß macht. Wiederholt nennt er Esau „Herr“ und sich selbst

„Knecht". Aber reicht das aus? Braucht Versöhnung nur eine gute Strategie? Mit diesen Fragen nähern wir uns dem Tiefpunkt beziehungsweise dem Höhepunkt der Erzählung.

Ein geheimnisvoller Kampf

Es war Nacht.
Jakob stand auf, er nahm seine Familie und brachte sie über die Furt des Flusses, den Jabbok.
Jakob blieb allein zurück.

„Ein Mann rang mit ihm, bis das Morgengrauen aufzog.
Als „der Mann" sah, dass er Jakob nicht
besiegen konnte, schlug er ihn an seiner Hüfte.
So verrenkte Jakob seine Hüfte im Gefecht.
„Der Mann" sagte: Lass mich gehen, denn es wird hell.
Jakob aber sprach: Ich lasse dich nicht gehen,
es sei denn du segnest mich.
„Der Mann" sagte: Was ist dein Name?
Er sagte: Jakob.
„Der Mann" sagte: Ab jetzt wird dein Name Israel sein: Der um Humanität ringt.
Denn du kämpfst mit „Gott und der Welt"
und gibst nicht auf.
Jakob fragte: Nenne mir doch deinen Namen!
Er sagte: Warum fragst du nach meinem Namen!
Und er segnete ihn dort.

Ein geheimnisvoller Kampf findet statt. Jakob und „ein Mann" kämpfen in der Nacht miteinander. Wer ist dieser „Mann"?

Oberflächlich gesprochen haben wir es mit so etwas wie einem Flussdämon zu tun. Wenn man eine Grenze überschreitet, wechselt man den Machtbereich. Das geht nicht ohne weiteres. Der Flussdämon symbolisiert diesen gefährlichen Grenzübergang. Heute nennen wir das Bundesgrenzschutz. Die traditionelle Vorstellung eines solchen Dämons ist für die biblischen Erzählerinnen und Erzähler ein Anknüpfungspunkt, um über die Begegnung von Jakob und Esau nachzudenken.

Der Dämon, der Jakob heimsucht, ist die unbewältigte Vergangenheit, die zwischen ihm und seinem Bruder steht. Jakobs Vergangenheit steht auf einmal lebensgroß vor ihm. Der Schatten Esaus kommt zum Leben und greift ihn an.

In dem Kampf bittet Jakob darum, gesegnet zu werden. Seine Frage ist überraschend, denn er hat den Segen doch schon! Offenbar hat Jakob begriffen, dass er den Segen nicht einfach stehlen und für sich beanspruchen kann. Seiner Frage folgt ein entscheidender Moment der Erzählung. „Der Mann“ fragt Jakob nach seinem Namen, und Jakob antwortet: Jakob. Jakob heißt übersetzt „Fersenschleicher“. Das ist einer der sich hinterlistig nach vorne schleicht. Jakob wurde schon einmal nach seinem Namen gefragt, als Isaak seinen Bruder Esau segnen wollte. Damals hatte Jakob geantwortet: „Esau“ und auf diese Weise den Segen ergattert. Jetzt, in dem nächtlichen Kampf steht Jakob zu dem, was er ist. Ich bin Jakob. Ich bin ein Betrüger. Ich habe mich schuldig gemacht. Und ich will trotzdem gesegnet werden! Das ist die unüberwindliche Stärke Jakobs. Er hat verstanden, dass der Aufstand, auch wenn er berechtigt ist, nicht automatisch gesegnet ist. Den Erzählerinnen und Erzählern geht es um die Schuld der kleinen Menschen, die sich zu Recht wehren. Sie darf nicht übergangen werden. Diese Schuld muss bearbeitet werden, damit die zukünftige Macht nicht selbstgerecht wird.

Indem Jakob sich mit der Schattenseite seines eigenen Handelns auseinandersetzt, ringt er mit dem Geheimnis der Humanität. Jakob lernt, dass das Geheimnis der Humanität im Gesicht des Mitmenschen verborgen liegt – auch dann wenn er fremd oder gar zum Feind geworden ist. Nur so entsteht die Hoffnung auf Versöhnung. Jenseits aller Überlegungen und Strategien.

Wahre Humanität tritt für den Mitmenschen ein, gerade auch dann wenn es problematisch ist. Jakob hat das in der nächtlichen Begegnung mit dem „Mann“ verstanden. Er hat verstanden, dass der Segen dem Menschen geschenkt wird, der um der Geschwisterlichkeit willen mit sich selber ringt.

Jakob nannte den Ort „Human-Gesicht", denn:
Ich habe die Humanität gesehen,
von Angesicht zu Angesicht,
und meine Seele wurde gerettet.
Die Sonne strahlte auf, als Jakob
Human-Gesicht hinter sich ließ.
Er hinkte an seiner Hüfte.

Die Begegnung selber steht noch aus. Aber alles ist vorbereitet. Und dann ...

Esau lief Jakob entgegen,
umarmte ihn und küsste ihn.
Und sie weinten.

Wir haben in der Erzählung schon einmal gehört, dass Esau weint und zwar in dem Moment, in dem er versteht, dass Jakob „seinen" Segen gestohlen hat. An der Stelle heißt es, dass Esau aufschreit und weint. Die jüdische Tradition hat die Tränen Esaus sehr ernst genommen. Unabhängig davon, wie man die Tränen deutet, als Zeichen von Trauer oder Wut, die alten jüdischen Gelehrten mahnen, den Bruder im Mitmenschen zu sehen und die Schuld, die im Aufstand gegen Verantwortungslosigkeit entsteht, nicht zu verdecken. Einige Erzählungen in der jüdischen Auslegungstradition meinen sogar, dass es keinen Himmel auf Erden geben kann, solange die Tränen von Esau nicht getrocknet werden. Wahr daran ist auf jeden Fall, dass die Vision, um die sich alles dreht ...

Hinei ma tov umanain
Shevet achim gam yachad
Siehe, wie gut und lieblich ist es,

wenn Brüder und Schwestern einträchtig
beieinander wohnen.
(Psalm 133)

... nicht eintreten kann, solange die Feindschaft zwischen den Menschen besteht. Denn das Herzstück und das Ziel der Befreiung ist die erhoffte Versöhnung aller Menschen.

Die Hoffnung auf die Versöhnung aller Menschen ist keine billige Allversöhnung. Sie kann und darf es nicht sein. Soma Morgenstern beschreibt in seinem Roman „Die Blutsäule" ein mythisch-symbolisches Gerichtsverfahren über die Gräuel des Nationalsozialismus. Es findet statt in einem Dorf in Osteuropa, in einem verwüsteten jüdischen Betraum. Der Richterspruch über die Nazis lautet „schuldig" – aus „Erkenntnis der Barmherzigkeit, der Barmherzigkeit mit den Opfern":

„Die Schänder der Schöpfung, die Mordbrenner, ausgelöscht ihr Name im Buch des Lebens und im Buch des Todes.
(...)
Nein, sie werden dem Fluch nicht entrinnen, wie auch alle jene der Strafe nicht entgehen werden, die in zwanzig Ländern untätige Zeugen der Untaten waren ...Nein, sie sollen der Strafe nicht und der Schande nicht entgehen, die Vergesser und die Vergeber ..." (*139f.*)

Nach dem Schuldspruch kommt von den Zwillingen des jüdischen Geistigen vor Ort noch einmal der eine Sohn, der überlebt hat, zu Wort:

„... wie damals sah ich den Mörder, der meinen Bruder erschlug, und ich erinnerte mich, wie ich in Entsetzen betete: Schöpfer der Welt gib mir Kraft, gib mir die Kraft dieses Mörders, dass ich ihn auf der Stelle erschlage, wie er meinen Jochanaan erschlug – Wie damals sah ich vor mir den Mörder: den Nacken vom Stier, das Haar vom Schwein, das Auge vom Wolf, die Zähne vom Hund.

Und wie damals schrie es in mir auf: Nein, o Herr der Welten, nein, gib mir nicht die Kraft dieses Mörders! Lass mir, Herr, die gläubigen Augen meines Bruders. Lass mir Jochanaans Augen und seine Schwäche! Und lass mich ein Opfer sein unter den Opfern und nicht ein Mörder unter den Mördern.

Und anders als damals, da ich sie nur ahnen konnte, sah ich sie jetzt, und sie gab sich mir zu erkennen, die Wahrheit: Wer so fühlt, so denkt – und nur wer so fühlt und denkt, der ist ein Kind Jakob-Israels, wes Namens, wes Stammes, wes Glaubens immer er sein mag. Wer anders fühlt und denkt, der ist ein Sohn Kain-Esaus, wes Namens, wes Stammes, wes Glaubens immer er sein möchte.

Schöpfer der Welt, wir wollen unsere Gebete erneuern, wie du unsere Herzen erneuert hast. Wir wissen es: Kommen wird die Zeit, da es auf dieser Erde keine Starken geben wird und keine Schwachen, keine Jäger und nichts Gejagtes, keine Bedrücker und keine Bedrückten, keine Schläger und keine Geschlagenen, keine Herren und keine Diener, und vor allem: keine Reichen und keine Armen.

Wir wissen: Das Diesseits ist kein Warteraum für die Ewigkeit. Denn das Diesseits selbst ist von Ewigkeit.“ (149)

Nach der Versöhnung der beiden Brüder, fragt Esau Jakob, warum er eigentlich so viele Sachen vor sich her geschickt hatte. Jakob antwortet: Das war und ist mein Geschenk, meine Segensgabe, mein Segen – für Dich.

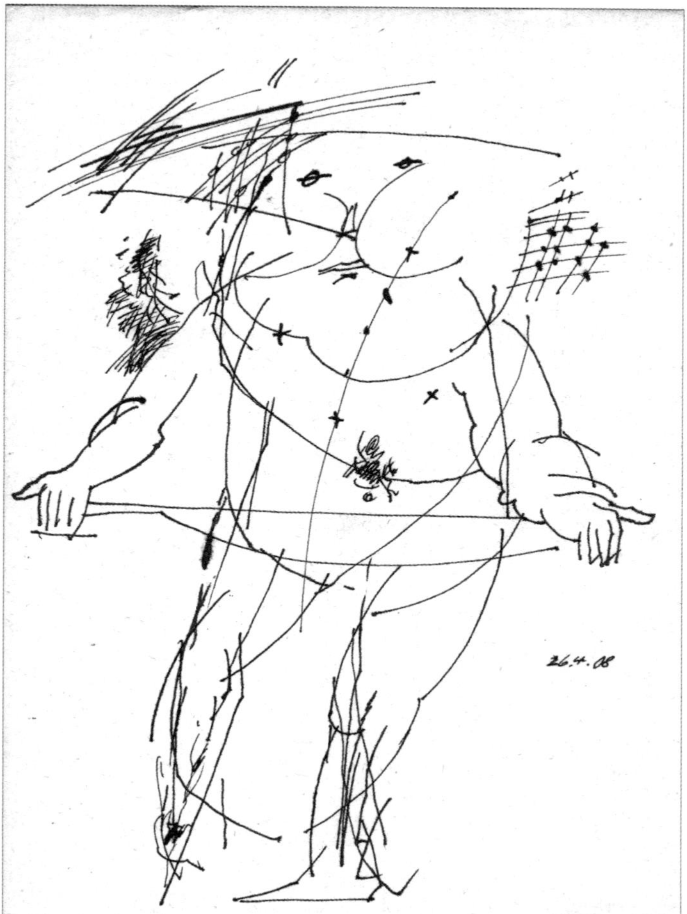
26.4.08

5. Mach dich auf

Erster Aufbruch Abrahams

(1. Mose 12)

Immer wieder haben Visionen einer besseren Welt, Menschen in Bewegung gesetzt, aus dem Gefängnis der bestehenden Verhältnisse auszubrechen. Die biblische Urgeschichte eines solchen Aufbruchs ist der Auszug Abrahams.

Mach dich auf – Abraham.
So klang die Stimme der Humanität in Abrahams Ohren.
Dein Vaterhaus ist nicht dein zu Hause.
Dein Vaterland ist nicht deine Heimat.
Zieh weg aus deiner Welt, wie sie ist,
in ein Land, das hinter dem Horizont
sichtbar werden wird.
Dein Weg wird gesegnet sein.
Du wirst gesegnet sein.
Du wirst anderen zum Segen werden.

Abraham machte sich auf den Weg ...

Aufbrechen ist immer ein Wagnis, denn wir wissen nicht, wie es hinter dem Horizont aussieht. Auch wenn wir denken, dass es nur besser werden kann, wenn wir uns auf den Weg machen, braucht es Mut, das Vertraute hinter sich zu lassen.

Moderne Versionen des Aufbruchs

Dragqueen Conchita Wurst

Die österreichische Dragqueen Conchita Wurst hat beim Eurovision Song-Contest 2014 den ersten Preis gewonnen. Conchita – mit dem Nachnamen Wurst, „weil es eben *wurst* ist, woher man kommt und wie man aussieht“ – ist ein Künstler, der als weibliche Diva mit Vollbart auftritt. In Conchita vermischen sich die Geschlechter und die Unterschiede. Der Bart fungiert dabei als bewusste Provokation. Conchita Wurst reagierte auf die zahlreichen Angriffe, denen er/sie ausgesetzt war, mit einer auf Facebook verbreiteten Nachricht:

„Wie würde es euch gehen, wenn eure Freunde, Verwandten, Kinder, Kollegen usw. auf diese Weise beschimpft werden? Ich bin mir sicher, dass es in eurer näheren Umgebung ebenfalls Menschen gibt, die ‚anders' sind. In diesem Sinne kämpfe ich weiterhin GEGEN Diskriminierung und FÜR Toleranz. Denn ich bin davon überzeugt, dass im 21. Jahrhundert wirklich JEDER Mensch das Recht hat, so zu leben, wie er möchte, solange niemand anderer in seiner Freiheit eingeschränkt oder verletzt wird. Und soweit ich weiß, habe ich niemandem wehgetan."

Rockstar Udo Lindenberg

Der Musiker Udo Lindenberg beschreibt in seinem Lied „Ich mach mein Ding" wie er als 16jähriger Provinzjunge aufbricht:

Egal was die anderen sagen
Ich geh meinen Weg,
Ob gerade ob schräg, das ist egal
Ich mach mein Ding
Egal was die anderen labern,
Was die Schwachmaten einem so raten,
Das ist egal
Ich mach mein Ding

Und was ist „sein Ding"?

Ich guckte hoch aufs weiße Schloss,
Oder malochen bei Blohm & Voss,
Ne irgendwie, das war doch klar,
Irgendwann da wohn ich da,
In der Präsidentensuite,
Wo's nicht reinregnet und nicht zieht,

Und was bestell‘ ich dann?
Dosenbier und Kaviar
Und ich mach mein Ding,

Klimaaktivistin Greta Thunberg

Greta Thunberg ist eine schwedische Klimaschutzaktivistin. Ihr Engagement für den Klimaschutz begann damit, zur Energieeinsparung im Haus die Beleuchtung auszuschalten. Später beschloss sie, nicht mehr zu fliegen und sich vegan zu ernähren. Am 20. August 2018, dem ersten Schultag nach den Ferien, platzierte sie sich mit einem Schild „Skolstrejk för klimatet“ („Schulstreik für das Klima“) vor dem Schwedischen Reichstag in Stockholm. Die von ihr ausgelösten „Schulstreiks für das Klima“ sind inzwischen zur globalen Bewegung „Fridays for Future“ gewachsen.

Ihre Klimaschutzaktionen sieht sie als wichtiger an, als in die Schule zu gehen. An andere Schüler gerichtet sagte sie, sie müssten nicht streiken, jeder solle selbst für sich entscheiden. Allerdings frage sie sich, welchen Sinn es habe, in der Schule für eine Zukunft zu lernen, die es schon bald nicht mehr geben könnte. Daher sei der Streik für sie wichtiger als die Schule. Den versäumten Lernstoff hole sie außerhalb des Unterrichts nach.

Zweiter Aufbruch Abrahams

(1. Mose 22)

„*Ich mach mein Ding*“, singt Udo Lindenberg. Das gilt auch für Conchita Wurst und Greta Thunberg. Die Dimensionen der Aufbrüche dieser drei sind allerdings sehr verschieden. Lindenberg singt, dass er als Jugendlicher davon geträumt hat, irgendwann königlich zu wohnen und „Dosenbier und Kaviar“ zu bestellen. Dieser Traum hat sich realisiert. Es spricht nichts dagegen. Aber es geht in den biblischen Erzählungen um mehr als eine individuelle Karriere innerhalb der Welt wie sie ist. Abraham soll nicht als König leben.

Sein Aufbruch zielt darauf, für alle Menschen eine neue Welt zu öffnen. Eine Welt, in der alle Menschen gemeinsam eine königliche Gemeinschaft bilden.

Viele Aufbrüche beginnen mit der großen Vision einer neuen Gemeinschaft ohne Unterdrückung und ohne Armut an. Die Realität, die nach dem Aufbruch folgt, ist leider oft ernüchternd. Wenn wir die Geschichte der Befreiungsbewegungen in den letzten Jahrhunderten betrachten, sehen wir, dass der Weg der Befreiung nicht unbedingt mit dem Zusammenleben einer befreiten Gemeinschaft endet. Irgendwo geht etwas schief. Das hängt mit der Druck von außen zusammen. Und es hängt mit den alten Vorstellungen in unseren Köpfen und unseren Herzen zusammen, die tiefer sitzen als wir denken. Ein einmaliger Aufbruch reicht offenbar nicht aus, das Gefängnis, das wir auch in uns tragen, hinter uns zu lassen. Es ist schwer zu sagen, wo genau der Verrat an der Vision anfängt. Die Absichten sind immer gut. Mit den besten Absichten, im Namen des Volkes, im Namen der Humanität, wird die Vision einer besseren Welt angestrebt *und* zerstört.

Auch in Abrahams Geschichte gibt es dieses Problem, dass er die alten Bilder, die er hinter sich lassen wollte, nicht wirklich loswird. Die Erzählung kennt nämlich einige Momente, in denen deutlich wird, dass Abraham trotz seines Aufbruchs, in der Welt, die er verlassen hat, gefangen bleibt. So ist er in Krisensituationen mehrfach bereit seine Frau zu opfern, damit er und seine Vision überleben. *Seine* Vision!

Die Vision einer solidarischen Gemeinschaft und der Drang – für und mit dieser Vision – auf Kosten anderer zu überleben, passen nicht zusammen. Vor diesem Hintergrund wird eine zweite Aufbruchsgeschichte erzählt. Der Aufbruch Abrahams aus einer beklemmenden Vergangenheit ist offenbar nur die Hälfte der Geschichte.

Zum zweiten Mal hört Abraham eine Stimme:

Mach dich auf – Abraham,
nimm deinen Sohn, Isaak, und opfere ihn
auf einem der Berge.
Abraham stand frühmorgens auf und
sattelte seinen Esel. Er nahm zwei Knechte mit –
und Isaak seinen Sohn.
Er spaltete Holz für das Opfer
und machte sich auf den Weg.
Am dritten Tag sah Abraham den Ort
und sprach zu seinen Knechten: Bleibt hier.
Mein Sohn und ich wollen ein Stück weiter
gehen und dann wieder zurückkehren.
Abraham nahm das Holz und legte es Isaak auf seine Schulter.
Er nahm das Feuer und das Messer.
So gingen die beiden zusammen.
Isaak sagte zu seinem Vater: Ich sehe das Feuer
und das Holz, aber wo ist das Opferlamm?
Abraham antwortete: Das Opferlamm wird
da sein, mein Sohn.
So gingen die beiden zusammen.
An dem Ort angekommen baute Abraham
die Schlachtstatt.
Er schichtete das Holz, band Isaak seinen Sohn
und legte ihn auf die Schlachtstatt.
Abraham nahm das Messer, um seinen Sohn zu opfern.
In dem Moment wurde die Stimme der Humanität laut:
Abraham, Abraham!
Tue Deinem Sohn nichts an.
Du bist bereit,
   Deine Zukunft preiszugeben,
   Deinen Sohn frei zu geben.
Abraham blicke auf und sah einen Widder, der sich im Gestrüpp
verstrickt hatte.
Abraham ging hin, er nahm den Widder und
opferte ihn an Stelle seines Sohnes.

Abraham rief den Namen des Ortes:
„Humanität wird sichtbar“.
Die Stimme wurde nochmals laut:
Weil du deinen Sohn nicht an dich gebunden hast,
wirst du gesegnet sein.
Ja, alle Menschen sollen gesegnet sein,
in der Nachfolge deines Weges,
hörend auf die Stimme der Humanität.

Abraham hatte die Worte „Mach dich auf“ schon einmal gehört. Er hat es daraufhin gewagt; er ist losgezogen und es war richtig. Und nun? Ist es die gleiche Stimme, die ihn jetzt dazu aufruft, das Liebste, das ihm gehört, zu opfern?

Ich denke, dass sehr viele Menschen die Erzählung aufgrund der Aufforderung, den Sohn zu opfern, ablehnen. Die Aufforderung sei grausam und unmenschlich. Dabei übersehen wir, dass das Unmenschliche, mit dem wir hier konfrontiert werden, in unserer Welt ziemlich normal ist. Natürlich nicht so konkret, wie es hier beschrieben wird. Bei uns ist alles abstrakter und vor allem geschieht vieles mehr auf Distanz. Denn wir wissen, dass es Leben und Umwelt schont, wenn wir 90 Kilometer fahren und nicht 120 oder noch mehr. Wir wissen, dass es Tieren und Umwelt zu Gute kommt, wenn wir kein Plastik benutzen. Trotzdem wurde auf dem letzten großen Fest der örtlichen Zeitung, Kaffee in Plastikbechern vom Deutschen Roten Kreuz angeboten. Wir wissen, dass es „Leben spart“, wenn wir keine T-Shirts für 2,99 Euro kaufen. Das heißt, wir opfern ständig unsere Zukunft und vor allem die Zukunft anderer Menschen für kurzfristige, eigene Interessen. Und dann sind wir erschrocken und überfordert, wenn wir mit den Folgen unseres Tuns konfrontiert werden. Nein, die Aufforderung, unsere Kinder für unsere Zukunft zu opfern, ist nicht fremd. Und wenn der Text uns unmenschlich und barbarisch erscheint, dann sollten wir uns das zu Herzen nehmen und uns nicht abwenden, als ob es uns nicht betrifft.

Abraham hört eine Stimme. Einerseits ist sie ihm vertraut. Es sind die bekannten Worte des befreienden Aufbruchs, auf die er sich eingelassen hat. Andererseits ist sie ihm fremd. Warum soll er seinen Sohn opfern? Es mag sein, dass dies in der Welt, in der er lebt, nicht ungewöhnlich ist. Aber was unterscheidet die besondere Stimme der Humanität dann noch von der normalen, inhumanen Welt?

Die Erzählung – nicht vergessen – wir haben es mit einer Erzählung zu tun und nicht mit einem historischen Bericht – sagt, dass Abraham die Stimme hört und es daraufhin wagt. Er lässt sich auf die Stimme ein. Wiederum nicht wissend, was sich hinter dem Horizont zeigen wird.

Mit welcher Stimme wir es hier zu tun haben, wird offenbar in dem Moment, in dem Abraham hört, dass er seinen Sohn *nicht* opfern soll. Darauf läuft die Erzählung hinaus: *kein* Menschenopfer. In einer Welt, in der es „normal" ist, die Zukunft der Nachgeborenen für die Interessen der Gegenwart zu opfern, ist der Aufbruch Abrahams – durch das Dunkle und Schreckliche hindurch – ein befreiender Schritt in eine humane Zukunft. Man kann und darf die Humanität nicht opfern für eine humane Zukunft.

Das schwierige an der Erzählung ist allerdings, dass das Opfer nicht nur abgelehnt, sondern uminterpretiert beziehungsweise transformiert wird. Es ist nicht so, dass von Abraham kein Opfer verlangt wird, aber erst unterwegs stellt sich heraus, dass es anders ist, als es sich anfänglich anhört. Er soll *seinen* Sohn nicht für *seine* Vision, nicht für *seine* Zukunft opfern. Er soll *seinen* Sohn, der nicht einfach nur *sein* Sohn ist, für die Zukunft der Humanität freigeben. Er soll die Zukunft, die ihm ja nicht gehört, im Vertrauen auf sich zukommen lassen. Das ist das Geheimnis der Humanität, das Abraham auf seinem schweren Gang verstehen lernt.

He Du!
Höre die Stimme der Humanität.
Brich auf. Zieh los.
Brich mit Deiner Vergangenheit –
insofern sie unmenschlich ist.
Brich auf. Lass los die Zukunft –
wenn sie unmenschlich wird.
Werde ein Nomade des Glaubens,
entwurzelt,
entfesselt,
getragen von der Vision einer solidarischen Welt.

29.4.08

6. Das Schwert Goliaths

Die biblischen Erzählungen kommen aus einer weit entfernten Zeit und einer fremden Kultur. Die Erfahrung lehrt, dass diese Fremdheit besonders dann eklatant wird, wenn wir mit der physischen, befreienden Gewalt konfrontiert werden, die in den Texten oft eine Rolle spielt. In vielen Fällen führt das dazu, dass die Texte pauschal als grausam abgelehnt werden. Leider verhindert dieser Umgang mit dem, was uns fremd ist, dass wir genauer hinschauen. Und leider gehen uns dadurch auch Einsichten verloren, die uns vielleicht gerade auch im Hinblick auf die Frage der Gewalt weiter helfen könnten. Ein Beispiel dafür ist die Erzählung von David und Goliath (1. Samuel 17).

Die ausländischen Philister überfielen Israel [um die Ernte zu erbeuten] und zogen ihr Heer zusammen zum Kampf.
Auch König Saul und Israel reihten sich zum Kampf.
Dort die Philister. Hier die Israeliten. Dazwischen eine Schlucht.

Ein Mann trat aus dem Lager der Philister hervor: Goliath. Ein schwer bewaffneter und schwer bepanzerter Riese.
Er rief: Warum stellt ihr euch zum Kampf auf? Hier bin ich. Sucht ein Mann aus, der mit mir kämpft. Wenn er gewinnt, dienen wir Euch. Wenn ich gewinne, dann müsst ihr uns dienen.
Saul und Israel hörten den Philister und hatten Angst.

David, der jüngste Sohn eines Mannes aus Betlehem, war zu Hause geblieben, um die Schafe zu hüten. Sein Vater sagte zu ihm, er solle seinen größeren Brüdern, die bei Saul waren, etwas zu essen bringen.
Als David ankam, trat gerade Goliath, der Philister, wieder nach vorne und höhnte Israel.
Die Israeliten hatten große Angst. Sie sagten: Habt ihr den Riesen gesehen? Wenn jemand ihn besiegt, dann wird er die Tochter des Königs bekommen und seine Familie muss keine Steuer mehr zahlen.
David sagte: Wer denkt dieser Philister wohl das er ist? Wie kommt er dazu, „die Humanität" zu verhöhnen.

Der älteste Bruder von David hörte es und sagte: Wer denkst Du wohl, der du bist?

Inzwischen war es Saul zu Ohren gekommen, was David gesagt hatte, so dass er ihn holen ließ.
David sagte zu Saul: Ich werde mit dem Philister kämpfen.
Saul antwortete: Das kannst Du nicht. Du bist zu klein.
David sagte: Ich habe als Hirte mit Löwen und Bären gekämpft. Immer wenn ein Raubtier ein Lamm gerissen hat, habe ich es gerettet und das Raubtier getötet. Genau so soll es mit dem Philister passieren, denn er höhnt „die Humanität".
„Die Stimme der Humanität" hat mich getragen
im Kampf mit Löwen und Bären.
Genau so wird sie mich tragen im Kampf mit dem Philister.
Saul sagte: So soll es sein.

Saul zog David seinen Panzer an, setzte ihm seinen Helm auf und gab ihm sein Schwert.
Daraufhin versuchte David zu gehen.
Es ging nicht.
Alles war zu groß.
Zu schwer.

David nahm seinen Stock, fünf glatte Steine aus dem
Bach und seinen Schleuder.
Der Philister sah David kommen und verspotte ihn,
weil er noch so klein war.
Er sagte: Bin ich ein Hund, den du mit deinem Stock schlagen willst? Komm nur und ich werde dich den Tieren zum Fraß geben.
David antwortete: Du kommst mit deinem Schwert und deinem Speer. Ich komme im Namen „der Humanität" –
etwas, was du nicht kennst.
Heute werde ich dich im Namen der Humanität besiegen. Ich werde dich enthaupten und den Tieren zu fressen geben.
Humanität setzt sich durch.
Ohne Schwert und ohne Speer.
Die Humanität wird dich besiegen.

Als der Philister sich näherte, nahm David einen Stein und schleuderte ihn. Der Stein drang in dessen Kopf und er fiel zur Boden.
So besiegte David den Philister mit der Schleuder und dem Stein.
Er tötete ihn. Ohne Schwert.
Danach nahm David das Schwert des Philisters und enthauptete ihn.

Auch wenn die Erzählung von David und Goliath nicht pazifistisch ist, so zielt sie trotzdem darauf, die verteidigende (!) Gewalt zu minimieren. Ausführlich wird beschrieben wie militärisch die Philister und ihr Riese Goliath auftreten und genau so ausführlich wird beschrieben, dass die Verteidigung einen anderen Weg gehen muss. Der Weg der militärischen Aufrüstung ist keine Option. Er wird explizit als unbegehbar abgelehnt. David kann in der Rüstung der Philister nicht gehen. Allein schon die Länge der Erzählung an diesem Punkt macht – im Vergleich zum kurzen, gewalttätigen Ende – deutlich, dass hier die gewaltminimierende Pointe des Textes liegt.

Wenn wir uns auf die Auseinandersetzung zwischen David und Goliath einlassen, können wir noch etwas anderes lernen. Und zwar, dass David seine Stärke und seine Strategie in seiner eigenen Geschichte entdeckt. Auf der militärischen Ebene hat David keine Chance. Die Wahl der Waffen ist deshalb nicht nur minimal, sie basiert auch auf der Erfahrung seines Alltags. David lebt als Hirte. David kämpft als Hirte.

Aber warum dann noch die Enthauptung Goliaths am Ende der Geschichte? Vielleicht finden wir einen Zugang zu diesem Ende der Erzählung, wenn wir ein Element betonen. Ich nenne es die Entscheidungshärte. Wie oft kommt es vor, dass Menschen, meist Frauen, leiden und nicht in der Lage sind, einen befreienden *Schnitt* zu machen. Der Kraftakt, der manchmal notwendig ist, um die Not zu wenden, erfordert eine gewisse Härte „nach außen", die vielen Opfern von Gewalt fremd ist. Damit ist die Gewalt nicht erklärt und damit soll sie auch nicht verharmlost werden. Aber vielleicht können wir vor diesem Hintergrund mit dem Ende der Erzählung in unserem Kontext dann doch etwas anfangen.

Eine zweite Annäherung.
Es ist nicht unlogisch, dass der Sieg über den Feind bis zum Ende vollzogen und anschließend öffentlich gezeigt wird. So ist für alle klar, dass der Kampf vorbei ist. Die Erzählung legt allerdings besonderen Wert auf den Umstand, dass Goliath *ohne Schwert* getötet und dann *mit seinem eigenen Schwert* enthauptet wird. Die auffällige Formulierung am Ende der Erzählung, legt den Gedanken nahe, dass der militärisch aufgerüstete Feind letztendlich an seiner eigenen Aufrüstung zu Grunde geht.

Mehr als nur ein Nachtrag.
Das Schwert Goliaths lässt den biblischen Erzählerinnen und Erzählern keine Ruhe. Einige Jahre später, wenn David vor Saul fliehen muss, weil er in Ungnade gefallen ist, kehrt das Schwert Goliaths in seine Hände zurück. David findet auf der Flucht ins Ausland Unterschlupf und fragt: *Hast Du hier keinen Speer oder Schwert, denn ich habe kein Schwert und kein Waffenzeug.* Die überraschende Antwortet lautet: *Das Schwert Goliaths des Philisters ist hier.* Daraufhin nimmt David das Schwert Goliaths – und fortan ist er zum Kampf gerüstet. Also doch.

„Das Schwert Goliaths" ist ein Beispiel dafür, wie die biblischen Erzählungen aufeinander reagieren und offene Frage diskutieren. Was hier und heute gut ist, ist morgen, an einem anderen Ort, vielleicht falsch. Es gibt keine ewigen, allgemein gültigen Wahrheiten. Besonders dann nicht, wenn es um die Frage der Gewalt geht. Auf diese Weise bilden die Erzählungen eine offene Landschaft beziehungsweise einen offenen Resonanzraum, in dem wir lernen, ein Gespür zu bekommen für das Geheimnis der Humanität.

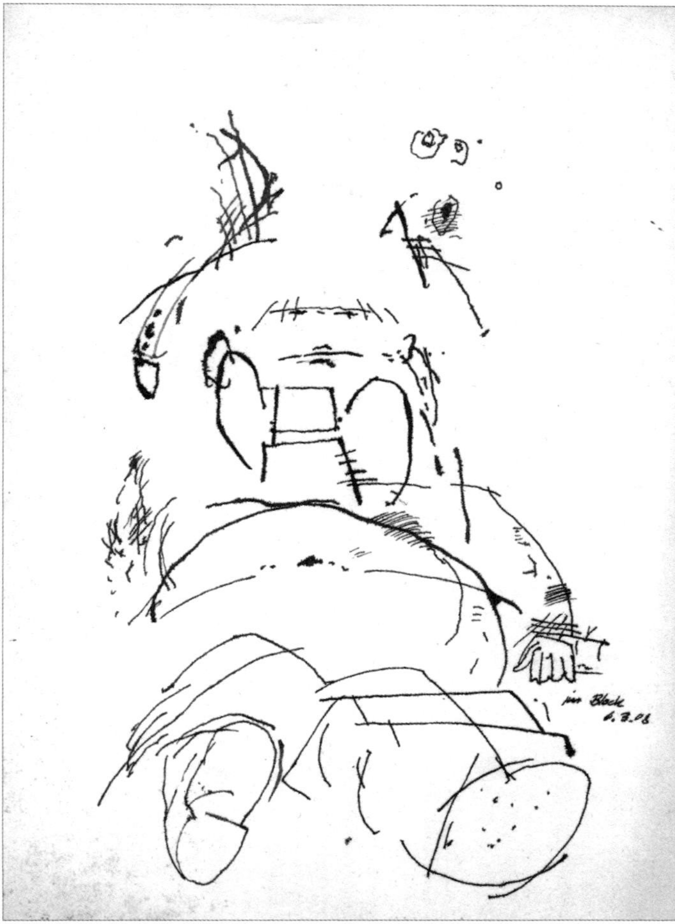
im Block
6.3.08

7. Die Mitte der Geschichte

Das, was wir Geschichte nennen, ist in der Bibel ein Weg, genauer gesagt ein Aus*weg* – aus der Unmenschlichkeit. Dieser Aus*weg* hat einen Anfang und ein Ende.

Am Anfang der Bibel steht die Geschichte vom „verlorenen" Paradies. Verloren, weil die Menschen durch ihre Grenzenlosigkeit das Paradies verraten haben. Nie ist es genug. Sogar dann nicht, wenn das menschliche Handeln das eigene Überleben bedroht. Am Ende der Bibel steht die Geschichte vom „wiedergewonnenen" Paradies. Aus dem ursprünglichen Garten ist auf Grund der Geschichte der Menschen eine Gartenstadt geworden. Sie ist gebaut aus Steinen und die Steine sind wir: die Menschen. Die Gartenstadt ist gebaut aus den solidarischen Taten der Menschen, die Geschwisterlichkeit gelebt haben.

Die Erzählerinnen und Erzähler sind nicht so naiv zu denken, dass das Paradies von den Menschen langsam erarbeitet wird. Das Ende ist Ziel, Orientierungshilfe und Wunder. Es ist nicht machbar. Es ist nicht zu schaffen. Es ist ein wundervolles Geschenk des Himmels. Genauso wenig will auch der Anfang als historischer Bericht verstanden werden. Das Paradies war und ist Zukunftsmusik, die die Menschheit begleitet.

Der Bogen der Verheißung

Paradies und Gartenstadt – Anfang und Ende der biblischen Erzählungen – bilden einen Bogen der Verheißung. Der Bogen verheißt, dass es möglich ist, auf dieser Erde menschlich zu leben. Ein Leben ohne Angst. Ohne Hunger. Ohne Einsamkeit. Der Bogen verheißt auch, dass die Macht der Zerstörung begrenzt ist und ein Ende haben wird.

Ein Tag in der Woche wurde uns geschenkt, um diese Zusage zu erfahren. Der 7. Tag, der Sabbat (bzw. der Sonntag), als Krone der Schöpfung. Abraham Joshua Heschel hat den Sabbat einen „Tempel in der Zeit" genannt. In diesem Raum können wir geschwisterlich zusammen leben. Hier gilt: genug

Exkurs: Die Schöpfungserzählung

Es kann nicht genug betont werden, dass die Bibel Erzählungen weitergibt und keine historischen Berichte. Deshalb gibt es auch keinen Konflikt zwischen der siebentägigen Schöpfungserzählung und den wissenschaftlichen Überlegungen wie die Erde entstanden ist. Die Wissenschaft denkt darüber nach, *wie* alles entstanden ist. Die Bibel denkt darüber nach, *wozu* alles da ist.

Im Prinzip
das heißt. von Anfang an
Humanität schafft einen geschützten Raum

sonst nur heilloses Chaos
Geschwisterlichkeit geistert herum
ohne sich erden zu können

Humanität:

ein Licht geht auf
Licht in finsteren Zeiten
So ist es gut!
Erster Tag
Chaos muss weichen

Ein Ort zum Leben
unter dem Himmel
So ist es gut!
Zweiter Tag

Ein Ausweg
die Erde – alles grün
So ist es gut!
Dritter Tag

Himmlisches Licht als Zeichen
Geschützte Zeiten
zur Freude, zum Feiern
So ist es gut!
Vierter Tag

Die Tiere

von klein bis groß
So ist es gut!
Gesegnete Wesen
Fünfter Tag

Die Menschen,
Humanität ins Gesicht geschrieben,
Hüterinnen der Tiere,
Frauen und Männer,
Gesegnete Wesen
So ist es sehr gut!
Sechster Tag

Es ist alles da
Leben ist möglich
Der siebte Tag
ein gesegneter Tag
ein heiliger Tag.
Das ist es.
Feierabend!

ist genug. In der Mitte steht der Gemeinschaftstisch. Brot und Wein sind für alle da. Die Zeit ist gefüllt mit Gemeinschaft. Sie rast nicht davon.

Einmal in der Woche gibt es eine heilsame Unterbrechung, die uns daran erinnert, was im Leben wirklich zählt. Diese Unterbrechung ist mehr als nur ein Abschalten, um dann wieder getrost weiter zu ackern. Die Unterbrechung qualifiziert alle Tage und bietet Orientierung, sich auf den Sonntag hin auszurichten. Einmal in der Woche erfahren wir etwas von dem, was wir manchmal auch „Ewigkeit" nennen.

Die Erfahrung des Sonntags als Langeweile zeigt, wie weit wir uns von dieser Erfahrung der Ewigkeit entfernt haben. Der Sonntag mit seiner Ruhe und Gemeinschaft prägt nicht die anderen Wochentage, sondern umgekehrt, die Hektik der Wochentage prägt den Sonntag.

Die tragende Mitte

Wenn der Ausweg aus der unheilvollen Geschichte der Menschheit einen Anfang und ein Ende hat, dann hat er auch eine Mitte. Ein biblischer Text, der uns diese Mitte vor Augen führt, ist die Erzählung von Noah.

Die Erzählung von Noah zeigt den kontinuierlichen Selbstzerstörungsdrang der Menschen, der nur dadurch unterbrochen wird, dass es Menschen wie Noah gibt. Wir sehen eine Welt, die an sich selber zugrunde geht, weil die Menschen wissentlich und willentlich unsolidarisch und unverantwortlich handeln. Und wir sehen eine Welt, die versucht anders zu leben und einen Ausweg aus der Katastrophe findet.

Die Welt:
Humanität geht zu Grunde.
Bosheit siegt.
Immer wieder. Überall.
Menschen zerstören Menschen.

Es wird gelitten.
Es ist unerträglich.
Für Mensch und Tier.
Im Namen der Humanität:
Es muss aufhören.
Denn es ist unerträglich.

Noah ist anders.
Ein aufrichtiger Mensch.
Ein Gerechter.

Die Welt:
sie ist voller Unheil.
Unrecht.
Zerstörung.
Alles geht kaputt.
Im Namen der Humanität:
Es muss aufhören.
Denn es ist unerträglich.

Die Erzählung ist voller Verzweiflung. Alles geht zu Ende. Was kommt ist die Flut. Oder, wie es in einer griechischen Übersetzung heißt: die Katastrophe. Die Flut ist keine Strafe. Sie ist die logische Folge der Un*taten* der Menschen. Sie ist ein Bild für die Zerstörung, die da ist.

Der Text ist aufgebaut wie ein Triptychon – oder, einfacher gesagt, wie ein belegtes Brötchen. Oben und unten (bzw. vorne und hinten) befindet sich das Normale, das Entscheidende befindet sich dazwischen, in der Mitte. Wenn wir die gesamte Erzählung so lesen und nicht linear-historisch, verändert sie sich. Wir lesen keinen historischen Bericht, sondern hören eine Erzählung, die uns den Verlauf der Dinge vor Augen führt und uns auf eine mögliche Unterbrechung hinweist. Es geht dabei zweimal ums Ganze. Die ganze Welt geht zu Grunde. Die ganze Welt wird gerettet – insofern sie sich der Alternative anschließt. Es werden also keine unschuldigen Menschen umgebracht und es werden auch keine Menschen

willkürlich gerettet. Wir werden „nur“ vor die Frage gestellt, welchen Weg wir gehen wollen.
Wir erfahren Vieles in unserem Leben. Die Frage ist, welchen Erfahrungen wir Gewicht geben und was für uns im Zentrum steht.

Die Bibel sagt:
Wir leben vor und nach Noah.
Vor und nach Christus.

Exkurs: Der Letzte der Gerechten

Es gibt eine jüdische Legende, wonach 36 Gerechte das Fundament der Welt, in der wir leben, tragen. Niemand kennt diese 36 Gerechten. Sie wissen sogar selber nicht, dass sie zu den Gerechten ghören.
André Schwarz-Bart hat die Legende in seinem Roman *Der Letzte der Gerechten* auf beeindruckende Weise aufleben lassen, um die Leidensgeschichte des jüdischen Volkes in der Zeit des Nationalsozialismus zu schildern. Pflichtlektüre!

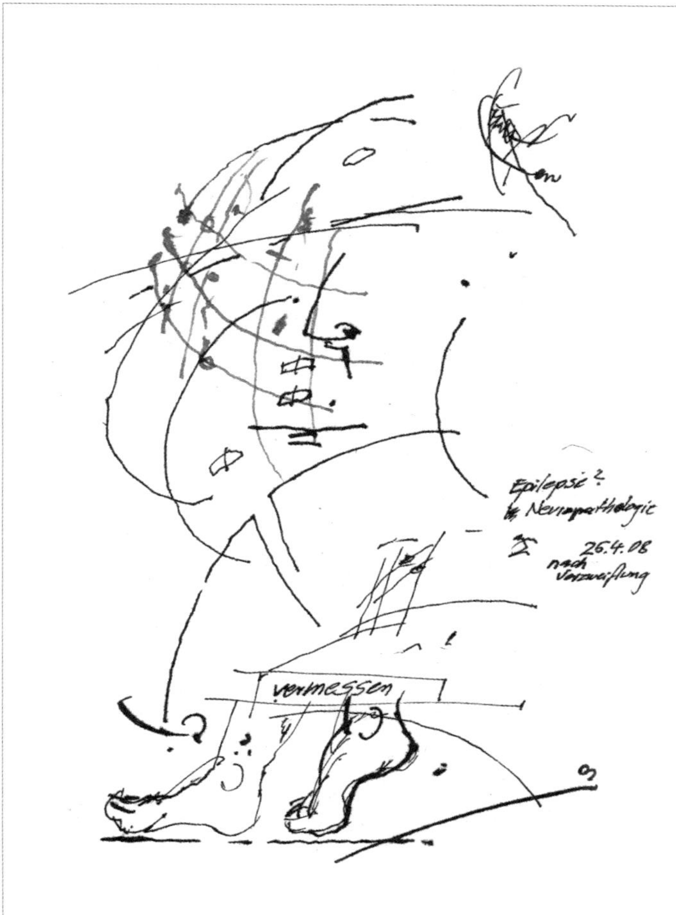

Epilepsie?
Neuropathologie
26.4.08
nach
Verzweiflung
vermessen

8. Das letzte Gericht

In den biblischen Erzählungen haben wir es nicht mit einer Religion oder einer Weltanschauung zu tun. Es geht nicht um Nationalismus, nicht um meine Familie oder meinen Freundeskreis. Es geht um praktische Humanität – an jedem Ort und zu jeder Zeit. Diese Ausrichtung kommt beispielhaft zum Ausdruck in einer Erzählung in Matthäus 25, die bekannt ist als „das letzte Gericht".

Wenn „der Mensch",
der schon jetzt im Verborgenen unterwegs ist,
sichtbar wird,
dann wird er bzw. sie zwischen den Menschen richten.

Sie wird die Menschen voneinander scheiden,
wie ein Hirte die Schafe von den Böckchen trennt.
Sie wird die Schafe zu ihrer Rechten aufstellen
und die Böckchen zu ihrer Linken.

Dann wird sie denen zur Rechten sagen:
Ihr werdet leben in einer Welt, so wie sie von Anfang an gedacht war.
Denn: Ich – Mensch – ich war hungrig, ihr gabt mir zu essen; ich war durstig, ihr gabt mir Wasser; ich war fremd, und ihr habt mich aufgenommen. Ich war nackt, ihr habt mich gekleidet; ich war krank, ihr habt mich gepflegt; ich war im Gefängnis, und ihr seid zu mir gekommen.

Die Menschen zur Rechten werden sagen:
Ich kenne dich nicht.
Wann habe ich das getan?
Essen geben, Wasser geben, zu Hause aufnehmen, kleiden, am Krankenbett oder im Gefängnis besuchen?
„Der Mensch" wird antworten:
Alle eure Mitmenschen – das war ich.Dann wird sie zu denen zur Linken sagen:
Geht weg. Ihr habt keine Zukunft.

Es gab Hunger, Durst, Heimatlosigkeit, Nacktheit, Krankheit –
und du hast nicht geholfen.

Auch sie werden sagen:
Ich kenne dich nicht,
wann warst du hungrig, durstig,
fremd, nackt, krank, im Gefängnis –
und ich habe nichts getan?
„Der Mensch“ wird antworten:
Alle eure Mitmenschen – das war ich.
Diese Menschen, die nichts sehen, nichts wissen, nichts tun, um die Not zu beheben, haben keine Zukunft.
Die Gerechten, ihnen gehört die Zukunft.

Die Geschichte erzählt, wie am Ende der Zeit abgerechnet wird. Es wäre aber falsch, den Begriff „letzte“ *nur* chronologisch, zeitlich linear zu verstehen. Es geht nämlich *auch und vor allem* darum was „letztendlich“, was „zu tiefst“ gilt. Die Erzählung bietet Kriterien, mit denen wir unser Leben gestalten und beurteilen können. Wenn wir die Erzählung nur als ein endzeitliches Gericht verstehen, verschieben wir die Bedeutung in eine unbekannte Zukunft und nehmen ihr das notwendige Gewicht für das Hier und Heute.

Hier und heute wird entschieden, ob wir das Richtige tun. Hier und heute wird entschieden, ob die Richtung in eine humane Zukunft stimmt. Dieser Druck kann und darf nicht verschoben werden auf einen Sanktnimmerleinstag, von dem niemand wirklich denkt, dass er ihn erleben wird.

Auf diese Weise werden wir auch den drei Ebenen gerecht, die in dem Wort „Gericht“ enthalten sind: 1. Wir lernen das Richtige kennen. 2. Es wird ein Urteil über das Getane und das Unterlassene gesprochen. 3. Wir können im Leben für unser Tun und Lassen eine Richtung entdecken.

Das Menschenkind

Wer ist „der Mensch“, der in der Erzählung die Macht bekommt, über alle anderen Menschen zu richten?

In der Schöpfungserzählung am Anfang der Bibel wird erzählt, wie „der Mensch“ geschaffen wird. Wir hören wie „der Mensch“ gedacht ist, wie er sein kann und wie er einst auch sein wird – nämlich: ein humanes Wesen, das solidarisch im Einklang mit allen Menschen und im Einklang mit der Natur lebt. Für diesen menschlichen „Mensch“ benutzt die Bibel den Begriff „Menschensohn“ beziehungsweise „Menschenkind“. Damit ist sowohl die Erwartung einer bestimmte Person gemeint als auch der Anfang einer neuen Zeit. Im Neuen Testament werden diese beiden Aspekte zusammengezogen, so dass *in* der einen Person Jesus, die Menschheit eine neue Gestalt bekommt. Es gibt also gute Gründe beim Menschensohn in der Erzählung an Jesus zu denken. Die Menschen in seiner Umgebung haben in ihm, in seinem Weg, in seinem solidarischen Leben und seinem solidarischen Sterben eine Wende der Zeit gesehen. Diese Wende ist bleibend mit ihm verbunden. Trotzdem steht im Text nicht: *Wenn Jesus Christus sichtbar werden wird*, sondern: *Wenn „der Mensch“ sichtbar wird.* Denn das Besondere an Jesus ist gerade, dass er nicht sich selber ins Zentrum stellt, sondern die Humanität.

Wie ein moderner Midrasch zu der biblischen Erzählung kling das Lied der „Seeräuberjenny“ in Bertold Brechts Dreigroschenoper:

Meine Herren, heute sehen Sie mich Gläser abwaschen
Und ich mache das Bett für jeden.
Und Sie geben mir einen Penny und
ich bedanke mich schnell
Und Sie sehen meine Lumpen und dies lumpige Hotel
Und Sie wissen nicht, mit wem Sie reden.
Und Sie wissen nicht, mit wem Sie reden.
Aber eines Abends wird ein Geschrei sein am Hafen
Und man fragt „Was ist das für ein Geschrei?“
Und man wird mich lächeln sehn bei meinen Gläsern
Und man sagt „Was lächelt die dabei?“

Und ein Schiff mit acht Segeln
Und mit fünfzig Kanonen
Wird liegen am Kai.

Man sagt „Geh, wisch deine Gläser, mein Kind"
Und man reicht mir den Penny hin.
Und der Penny wird genommen, und das Bett wird gemacht!
Es wird keiner mehr drin schlafen in dieser Nacht.
Und sie wissen immer noch nicht, wer ich bin.
Und sie wissen immer noch nicht, wer ich bin.
Aber eines Abends wird ein Getös sein am Hafen
Und man fragt „Was ist das für ein Getös?"
Und man wird mich stehen sehen hinterm Fenster
Und man fragt „Was lächelt die so bös?"

Und das Schiff mit acht Segeln
Und mit fünfzig Kanonen
Wird beschießen die Stadt.

Meine Herren, da wird Ihr Lachen aufhören
Denn die Mauern werden fallen hin
Und die Stadt wird gemacht dem Erdboden gleich.
Nur ein lumpiges Hotel wird verschont von dem Streich
Und man fragt „Wer wohnt Besonderer darin?"
Und man fragt „Wer wohnt Besonderer darin?"
Und in dieser Nacht wird ein Geschrei um das Hotel sein
Und man fragt „Warum wird das Hotel verschont?"
Und man wird mich sehen treten aus der Tür gehn Morgen
Und man sagt „Die hat darin gewohnt?"

Und das Schiff mit acht Segeln
Und mit fünfzig Kanonen
Wird beflaggen den Mast
Und es werden kommen hundert gen Mittag an Land
Und werden in den Schatten treten
Und fangen einen jeglichen aus jeglicher Tür
Und legen ihn in Ketten und bringen vor mir
Und mich fragen „Welchen sollen wir töten?"
Und an diesem Mittag wird es still sein am Hafen

Wenn man fragt, wer wohl sterben muss.
Und dann werden Sie mich sagen hören „Alle!"
Und wenn dann der Kopf fällt, sage ich „Hoppla!"

Und das Schiff mit acht Segeln
Und mit fünfzig Kanonen
Wird entschwinden mit mir.

Das Menschenkind, das in dem Lied die Rolle der Richterin bekommt, ist eine Prostituierte, die alle erniedrigt haben, die aber niemand kennt. Eine missachtete Frau wird sichtbar, und dort, wo niemand es vermuten würde, wird durch ein achtloses „Hoppla" über die Zukunft aller entschieden.

Es ist bestimmt kein Zufall, dass die Frau als Subjekt des Gerichtes wie in der biblischen Erzählung von den Anderen nicht erkannt wird. Wir wissen, dass Brecht mit der Bibel sehr vertraut war. Es ist gerade die Anonymität, die der Erzählung vom letzten Gericht so viel Kraft und Dynamik gibt. In allen Menschen, denen ich gewollt oder ungewollt begegne, kommt „der" Mensch auf mich zu.

Ein Recht, eine Ethik, ein Ethos

Die praktische Humanität als Zentrum des biblischen Glaubens basiert auf dem einen Recht für alle. Wahrscheinlich ist es kein Zufall, dass gerade ein Anwalt diese gemeinsame, globale Verbindlichkeit in seinem Nachdenken über den jüdischen Glauben hervorgehoben hat. Ich denke an Abel Herzberg, einen niederländischen Anwalt, der im Konzentrationslager Bergen-Belsen über die unversöhnliche Feindschaft des Nationalsozialismus gegen alles Jüdische nachgedacht hat.

Zentral für den jüdischen Glauben – so Herzberg (in: Zweistromland. Tagebuch aus Bergen-Belsen, S.79) – ist „das monotheistische Bekenntnis, das identisch ist mit der Forderung nach einer einzigen Ethik". Ob Sklavin oder König, Priester, Soldat, Prophetin oder Gesetzgeber, es gibt niemanden, der nicht dem Einen Gott Verantwortung schuldet. Herzberg:

Die größte Bedeutung des Monotheismus liegt daher auch nicht so sehr in der Gotteserfahrung oder der Begegnung Mensch-Gott, nicht so sehr in der Mystik, in der Erfahrung der Liebe oder der Gnade, sondern im Erstellen und im Rechtfertigen der sittlichen Norm, dem Recht für Individuum und Gemeinschaft.

In dem Verlangen nach einem Recht, das für alle Menschen gilt, sieht Abel Herzberg den Grund für den Hass, mit dem der Nationalsozialismus die Juden und Jüdinnen verfolgt hat. Seine Überlegungen sind in unseren Tagen von erschreckender Aktualität. Herzberg charakterisiert den Nationalsozialismus als einen Glauben an den ewigen Kampf zwischen Macht und Macht, in dem die Macht, die siegt, das Recht setzt. Wer der Stärkste ist und dies zu beweisen vermag, der hat Recht. Und wer die Herrschaft zu erobern versteht, hat auch das Recht dazu. Dieser Glaube der Macht steht dem Judentum konträr gegenüber, weil hier immer wieder die Frage gestellt wird: Ist es erlaubt?

„Der Mensch, der im Nationalsozialismus zum Vorschein kommt, hasst nicht den Mitmenschen, der ihm mit derselben Absicht entgegen tritt und mit dem er sich messen kann, sondern er hasst den Mitmenschen, der die unbegreifliche, peinigende Frage stellt: Kain, Kain, wo ist dein Bruder Abel?“

warum auf der Strahlenliege nicht aufrichtend

9. Das grüne Gras

Eine biblische Erzählung, die während der Bauphase der Woltersburger Mühle immer mal wieder *präsent war*, ist die Geschichte der wunderbaren Brotvermehrung mit den fünf Broten und zwei Fischen (Markus 6,30-44). Die Erzählung beginnt damit, dass die Jüngerinnen und Jünger, die sich für einige Zeit allein auf den Weg gemacht haben, zu Jesus zurückkehren.

Die Jüngerinnen und Jünger versammelten sich bei Jesus
und erzählten ihm, was sie getan hatten.
Er sagte zu ihnen:
Kommt mit an einen öden Ort und ruht ein wenig aus!
Denn es kamen viele hilfsbedürftige Menschen.

Wir haben in dem Kapitel über den brennenden Dornbusch schon gesehen, dass „ein öder Ort" beziehungsweise „die Wüste", in der Bibel ein Ort des Rückzugs und der Besinnung ist. Dazu kommt in diesem Fall auch die Ver*wüst*ung, die im Land allgegenwärtig ist, denn der Text ist kurz nach einem misslungenen Befreiungskrieg gegen das Römische Reich aufgeschrieben worden. Das Land ist zerstört, von Feinden besetzt, die Besatzungsmacht ist überall präsent und die Menschen sind – so hören wir in dieser Erzählung – wie Schafe ohne Hirten. Das heißt, dass auch die eigene Führung nicht in der Lage oder nicht dazu bereit ist, die Gemeinschaft solidarisch zu organisieren. Die Bezeichnung *öder Ort* ist deshalb mehr als eine geographische Angabe, sie ist ein Bild für die Krise in der die Gesellschaft steckt. Das Land ist in einem desolaten Zustand, eine trostlose Wüstenei ohne Gemeinschaft und ohne Orientierung.

Jesus und die Jüngerinnen und Jünger sind im Land unterwegs, und versuchen die Situation zu ändern, indem sie neue Gemeinschaften gründen. Sie werden dabei von Hilferufen überrannt und müssen gelegentlich ausweichen, um zur Ruhe zu kommen – und sich zu besinnen.

Alle, die in Berufen arbeiten, in denen sie mit hilfebedürftigen Menschen zu tun haben, werden den Wunsch nach Ruhe kennen. Manchmal hat man den Eindruck, dass die Hilfebedürftigkeit in unserer Gesellschaft Dimensionen annimmt, die niemand mehr bewältigen kann. Es tut gut, dass die biblischen Erzählungen, die Notwendigkeit des Rückzugs kennen und ernst nehmen.

Also fuhren sie im Boot an einen öden Ort.
Viele Menschen sahen es und liefen schnell dorthin,
so dass sie noch vor ihnen da waren.
Als Jesus ausstieg, sah er die große Volksmenge
und er hatte Erbarmen mit ihnen,
denn sie waren wie Schafe, die keinen Hirten haben.
Und er fing an, sie vieles zu lehren.

Kaum will man sich etwas ausruhen, schon klingelt es wieder. Pech gehabt. So ist es, wenn man sich auf Menschen einlässt, die Hilfe brauchen. Natürlich soll man auf sich – und aufeinander – aufpassen und die Arbeit gut organisieren. Aber es wird sich kaum vermeiden lassen, dass ausgerechnet auch in einem Moment, in dem es nicht passt, jemand sich meldet.

Das Wort „Erbarmen“, das an dieser Stelle klingt (*als Jesus die Volksmenge sah, hatte er Erbarmen mit ihnen*), ist die Antwort auf diese Störung der verdienten Ruhe. Das Wort „Erbarmen“ kommt in der Bibel selten vor. Erbarmen ist ein starkes Gefühl im Innern des Menschen. Es ist eine tiefe Erschütterung, die einem keine Ruhe lässt. Auch dann nicht, wenn wir zu Recht gerade abschalten wollen. Das hebräische Wort für Erbarmen ist identisch mit dem Wort für Gebärmutter. Die Geschichte, die folgt, findet ihren Ursprung in Erbarmen. Etwas Neues wird geboren:

Als es allmählich spät wurde, kamen seine Jüngerinnen und Jünger zu ihm und sagten:
Der Ort ist öde, schick die Menschen nach Hause,
damit sie sich etwas zu essen KAUFEN können.
Er aber sagte: GEBT ihr ihnen zu essen.
Sie antworteten: Wir sollen für das wenige Geld, das wir haben,
Brot KAUFEN und ihnen zu essen GEBEN?

Die Jüngerinnen und Jünger sind Realisten. Es wird spät und die Menschen sollen, nachdem die Predigt zu Ende ist, nach Hause gehen, um für sich Brot zu kaufen. Doch was, wenn die Menschen sich zu Hause nicht sättigen können? Die Jüngerinnen und Jünger kennen die Probleme im Land, aber sie sehen – das Ausmaß der Probleme vor Augen – keine Alternative.

Jesus sieht eine Alternative, weil er eine andere Blickrichtung hat. Jesus wendet sich ab vom Geld und fragt: „Was ist da?" Denn es immer etwas da. Einige Sachen. Einige Gaben. Andere Ressourcen halt, mit denen man vielleicht etwas anfangen kann. Eine Gegengeschichte kommt in Gang, die sich nicht an der Kaufkraft der Menschen, sondern an ihren Bedürfnissen orientiert und sich nach anderen Ressourcen umsieht. Wo Menschen zusammen sind, gibt es immer etwas, was es ermöglicht, einen Anfang zu machen. Beginnt man sofort damit, zu berechnen, was für „die" Lösung nötig ist, wird man überhaupt nicht anfangen, denn es wird nie genügen.

„Was ist vorhanden?" – diese Frage lenkt den Blick vom Großen und Unerreichbaren auf das Kleine, das vielleicht realisiert werden kann. Es mag sein, dass der Anfang einer Vision darin besteht, kleine Brötchen zu backen. Aber vielleicht ist es besser, kleine Brötchen zu backen, als große zu kaufen. Im Backen – das heißt im Aufbauen anderer Strukturen – liegt das Neue verborgen, das wir noch nicht kennen. Das Neuland, das betreten wird, liegt vor uns. Aber wir sehen es nicht. Weil es schwierig ist, die üblichen Bahnen des Denkens zu verlassen. So wird meist nicht davon geträumt, dass *wir* gemeinsam kleine Brötchen backen, sondern vielmehr, dass *ich* einen großen Kuchen kaufen kann.

Wenn wir es wagen und uns auf den Weg machen, können wir unterwegs wachsen und vielleicht mehr bewältigen als wir anfänglich denken. Vielleicht kommen zum Beispiel andere Menschen dazu, die wir jetzt noch nicht kennen. Menschen mit anderen Sachen und anderen Gaben. Unterwegs können neue Möglichkeiten entstehen, die wir jetzt noch nicht kennen. Deshalb spricht vieles dafür, nicht auf den großen Sprung zu warten, sondern aktiv zu werden, um Schritt vor Schritt weiter zu kommen.

In den Jahren, in denen wir als Verein mit vielen Arbeitslosen und regionalen Handwerksbetrieben die Woltersburger Mühle mit den verschiedenen Gebäuden neu aufgebaut und das Gelände gestaltet haben, waren die Frage „Was ist da?“ und die Erfahrung „dass immer etwas da ist“ für mich sehr bedeutsam. Ich kann nicht sagen, was im Vordergrund stand: das Projekt oder die Erzählung. Beide haben sich gegenseitig ausgelegt.

Ein Beispiel. Gegen Ende der Bauphase, als die Zeit knapp wurde, haben wir ein Geschenk *des Himmels* bekommen. Fünfzig (!) Wandergesellinnen und Wandergesellen sind gekommen und haben uns einen Monat lang geholfen. Es ist unvorstellbar, wie viel eine solche Gruppe in einem Monat leisten kann. Wir brauchten für die Gruppe nur Krankenversicherung, Unterkunft und Verpflegung zu organisieren. Und was passierte? Das Technische Hilfswerk ist gekommen und hat für 50 Personen Feldbetten aufgebaut. Ein Ökobetrieb in der Region hat einen Monat lang für 50 Menschen Brot gespendet. Ein Partyservice hat einen Monat lang gegen Einkaufspreis der Waren warmes Essen angeliefert.

Wer wäre am Anfang des Projektes auf die Idee gekommen, 50 Wandergesell/innen auf der Habenseite einzuplanen? Wer hätte einschätzen können, dass in einer Region, wo Stadt und Landkreis kein Geld haben, dank einer guten Vernetzung, so viel unterstützende Hilfe in Bewegung kommt?

Er sagte: Wie viele Brote habt ihr? Geht, seht nach!
Und als sie nachgeschaut hatten, sagen sie: Fünf – und zwei Fische.
Daraufhin gab er Anweisungen, dass sie sich alle nach Tischgemeinschaften auf dem grünen Gras lagern sollten.
Sie lagerten sich in Gruppen zu je 100 und je 50.
Er nahm die fünf Brote und die zwei Fische,
er spürte die Kraft der befreienden Tradition – und er wagte es darauf:
Er brach die Brote, er nahm die Fische.
Er gab sie seinen Jüngerinnen und Jüngern, damit sie diese austeilten.
Und sie aßen alle und alle wurden satt.

Dreimal haben wir gehört, dass der Ort öde ist, und dann heißt es auf einmal, dass die Menschen sich auf dem grünen Gras lagern sollen. Ein wunderschönes Detail, das auf eine neue Erfahrung aufmerksam macht. Fast unmerklich ist aus der Wüste eine grüne Landschaft geworden. Wo Gemeinschaft entsteht, ändert sich die Umgebung. Sie ist nicht länger trostlos und öde, sondern es entstehen Erfahrungen, die dem Leben Farbe und Glanz geben.

Wenn wir uns nicht auf das Geld fixieren, können Wunder geschehen. Das gilt übrigens auch für die grüne, die ökologische Seite der Probleme, die wir haben.

Anschließend hören wir, dass die Menschen in Gruppen geordnet werden. Ohne Nüchternheit, ohne Arbeit und Einsatz geht nichts, auch nicht im Königreich Gottes. Die Frage „Was ist vorhanden?“ soll etwas in Gang setzen, sie darf jedoch nicht dazu führen, den Verstand abzuschalten. Wo Vertrauen notwendig ist und wo das Rechnen anfängt, kann nur konkret, im Prozess der Veränderung beurteilt werden. Die Bibel bietet keine Richtlinien, die uns genau sagen, was wir zu tun und zu lassen haben. Die Bibel kann uns das eigene Nachdenken nicht abnehmen. Aber vielleicht kann sie helfen, dass wir nicht nur in den uns vertrauten Bahnen des Denkens gefangen bleiben.

Es gibt einen Moment in der Erzählung, in dem Jesus innehält:

Jesus spürte die Kraft der befreienden Tradition –
und er wagte es darauf:
Oder, wie es wörtlich übersetzt heißt:
er sah auf zum Himmel, dankte und brach ...

Was Jesus dachte, als er zum Himmel aufblickte und seine Hände zum Segnen ausstreckte, erfahren wir nicht. Ich vermute, dass es die alten Worte des 23sten Psalms gewesen sind. In der traditionellen Übersetzung heißt es in dem Psalm:

Der HERR ist mein Hirte,
mir mangelt es nicht.
ER lagert mich auf grünem Gras ...

Jesus sieht die Menschen vor sich, wie Schafe ohne Hirten. Er hört die Stimme der Tradition, die daran erinnert, dass der biblische Gott unser Hirte ist, beziehungsweise dass die Vision der Humanität uns leitet und auf „grünes Gras" führt. Jesus lässt sich auf diese Tradition ein und wird selber zu dem Hirten, an den er denkt. Die Stimme der Tradition und die Gestalt eines Menschen, der sich auf die Stimme einlässt, fließen ineinander.

Die Geschichte, die Markus erzählt, ist eine Glaubens- beziehungsweise eine Vertrauensgeschichte. Sie erzählt:

1. vom Vertrauen der Menschen, dass sie nicht betrogen werden, wenn sie anfangen, das, was sie haben, zu teilen. Es ist nicht selbstverständlich, dass die Menschen, die die Brote und Fische dabei haben, diese abgeben – im Vertrauen darauf, dass gerade sie am Ende nicht leer ausgehen.

2. vom Vertrauen Jesu, dass das Werk seiner Hände gesegnet wird. Es ist nicht selbstverständlich, dass das Wagnis gerade in dieser Situation gelingt.

3. vom Vertrauen der Jüngerinnen und Jünger, die alles hinter sich lassen und sich auf diesen Weg begeben.

Wenn dieser Kreislauf des Vertrauens Raum gewinnt, geschieht das, was in der Erzählung mit dem grünen Gras aufleuchtet: Ansätze einer neuen Gemeinschaft und einer neuen Ökonomie werden sichtbar. Glauben, Vertrauen heißt auf Lateinisch Kredit. Die Geschichte, die Markus erzählt, ist die Geschichte einer Kreditgemeinschaft, die nicht vom privaten Geld, sondern von geteilten Ressourcen lebt.

10. Die Kraft der Erzählungen

Elia ist ein Prophet, der sich viele Jahre für die Gemeinschaft eingesetzt und sich einem internationalen, militärischen Machtbündnis der Eliten widersetzt hat. Er war dabei durchaus erfolgreich. Es gab eine Phase, während der die Menschen auf ihn und seine Meinung gehört haben. Aber dann sind die Machtverhältnisse doch wieder gekippt. Nun ist er müde und alt geworden. Er fühlt sich allein und will sich aus allem zurückziehen.

Der einsame Ginsterbusch

Elia ging in die Wüste hinein
und setzte sich unter einen einsamen Ginsterbusch.
Er wünschte zu sterben und sagte:
„Es reicht.
Das war's mit der Vision der Humanität".

Elia legte sich hin und schlief ein unter dem einsamen Ginsterbusch.
Ein Bote rühre ihn an und sagte:
„Richte dich auf und iss."
Elia blickte auf und sah ein Fladenbrot und einen Krug Wasser.
Er aß, trank und legte sich wieder hin.

Der Bote kehrte wieder, rührte ihn an und sagte:
„Richte dich auf und iss, denn der Weg ist lang."
Elia stand auf, aß, trank,
und ging gestärkt vierzig Tage und vierzig Nächte bis zum Berg.
Er ging in eine Höhle hinein, um die Nacht zu verbringen.

Eine Stimme fragte: „Was willst du hier, Elia?"
Er antwortete: „Ich habe mich mit Feuer und Flamme für die Vision der Humanität engagiert. Meine Landsleute haben die Vision verraten. Sie haben alles kaputt gemacht, und jetzt wollen sie auch mich loswerden. Ich allein bin übriggeblieben." Die Stimme sagte:
„Stell dich auf den Berg. Die Vision wird sich zeigen."
Ein großer Sturm kam auf. Berge wankten. Keine Vision.
Ein Feuer. Keine Vision.

Eine sanfte, leise Stimme.
Als Elia das hörte, verbarg er sein Gesicht in seinen Mantel.
Er ging hinaus und stellte sich vor die Höhle.

Eine Stimme fragte: „Was willst du hier, Elia?"
Er sagte: „Ich habe mich mit Feuer und Flamme für die Vision der Humanität engagiert. Meine Landsleute haben die Vision verraten. Sie haben alles kaputt gemacht, und jetzt wollen sie auch mich töten. Ich allein bin übriggeblieben."
Die Stimme sagte: „Geh, kehr um auf deinen Weg und tue, was ich dir jetzt sage ..."

Elia machte sich auf den Weg und traf unterwegs auf Elischa,
der gerade am Pflügen war.
Elia gab ihn seinen Mantel.
Darauf folgte Elischa ihm nach.
(1. Könige 19)

Als junger Mensch war Elia überzeugt, dass er die Welt ändern könnte. Er hat sich mit kräftigen Worten gegen die hohen Militärausgaben in seinem Land gewandt und soziales Unrecht angeprangert. Er hat Erfolge gehabt. Aber er spürt, dass der Gang der Dinge stärker ist als er und er genauso wenig wie seine Vorgängerinnen und Vorgänger die Welt aus den Angeln heben kann. Darauf zieht Elia sich zurück in die Wüste und legt sich unter einen einsamen Ginsterbusch. Ein *einsamer* Ginsterbusch. Dramatischer geht es nicht.

Das Bild des Elia ruft ein anderes Bild wach. Da ist Mose, der einst in die Wüste floh und einen brennenden Dornbusch sah. Von Engagement ohne Burnout erzählte dieses Bild von dem brennenden Dornbusch, der nicht verbrennt (siehe Kapitel 2). Mose und Elia haben sich von dieser Vision leiten lassen. Und jetzt ist Elia ausgebrannt.
„Richte dich auf und iss."

Keine großen Worte.
Kein mahnender Finger.

Kein Seelsorgegespräch.
„Richte dich auf und iss."
So meldet sich die Vision der Humanität.

Elia richtet sich auf, isst ...
und legt sich hin.

Und noch einmal hören wir:
„Richte dich auf und iss."
Alles verzögert sich und passt sich dem Tempo Elias an.

Es ist, als ob die Zeit still steht.
In Solidarität mit Elia.

Die biblische Erzählung schildert mit beeindruckenden Bildern, wie Elia zu sich findet, Kraft schöpft und sich wieder auf den Weg macht. Auf einmal weiß er, was zu tun ist. Was ist passiert?

Man könnte sagen, dass Elia seine Müdigkeit ernstgenommen und sich die Zeit genommen hat, sich zu besinnen. Vielleicht können wir uns die Auseinandersetzung zwischen Elia und der Stimme auch so vorstellen, dass Elia sich Zeit genommen hat, ein altes Buch wieder in die Hand zu nehmen oder ein Hörbuch zu hören, das ihn einst in Bewegung gesetzt hat. Auf jeden Fall ist ihm deutlich geworden, dass die Welt sich nicht mit einem großen Schlag – mit Sturm und Beben und Feuer – ändern lässt. Dass es weniger die starken, sondern vielmehr die sanften Kräfte sind, die sich durchsetzen werden. Aber auch: Dass er nicht allein ist. Es gab Menschen, Botinnen und Boten der Humanität, die haben ihn in seiner Müdigkeit versorgt.

Fast beiläufig wird am Ende erzählt, dass Elia einen Schüler findet, der ihn begleitet und der später seine Aufgabe übernehmen wird. Elia ist am Ende tatsächlich nicht mehr allein. Vielleicht war es erst die neue Gelassenheit, die es ihm ermöglichte, seine Müdigkeit ernst zu nehmen und die Augen und Ohren für einen möglichen Nachfolger offen zu halten.

Exkurs: Elia, der *Prophet Israels*

Elia ist einer der großen biblischen Propheten. Ein Prophet ist kein Wahrsager, der die Zukunft vorhersagt. Ein Prophet sagt an, was passieren muss, damit Gerechtigkeit, Frieden und Natur aufblühen. Er beziehungsweise sie ruft zur Umkehr auf und prangert an, wo die Stimme der Humanität in den Dreck getreten wird. Damit kann auch eine Aussage über die Zukunft verbunden sein, die kommen wird, wenn die Menschen nicht umkehren. Das ist keine geheimnisvolle Wahrsagerei, sondern eine für alle Menschen nachvollziehbare Einschätzung.

Elia wurde in der jüdischen Tradition zum Vorläufer des Messias, des zukünftigen, „menschlichen Menschen", auf den die ganze Kreatur von Anfang an wartet. Beim großen jüdischen Osterfest, das die Befreiung aus der Unterdrückung in Ägypten feiert, bleibt ein Stuhl leer. Er ist reserviert für den Propheten Elia, der die Ankunft des Messias ankündigen soll.

Der Mantel des Elia

Die Erzählung endet damit, dass Elia seinen Mantel abgibt:

Elia machte sich auf den Weg und traf unterwegs auf Elischa,
der gerade am Pflügen war.
Elia gab ihn seinen Mantel.
Darauf folgte Elischa ihm nach.

Der Mantel symbolisiert die Funktion des Menschen, der ihn trägt. Wie der Königsmantel oder das Narrenkostüm. Die Übergabe des Mantels ist somit ein Zeichen dafür, dass Elia in Elischa seinen Nachfolger als Mahner Israels sieht. Der Mantel spielt dann auch eine wichtige Rolle, wenn Elia „über den Jordan geht".

Die Ausdrucksweise kennen wir: Jemand „geht über den Jordan", will sagen, dass er stirbt. Er überschreitet eine Grenze und wechselt ins Jenseits.

Elia nahm seinen Mantel, er ballte ihn und schlug das Wasser des Jordans, das spaltete sich nach rechts und nach links.
Elia und Elischa schritten auf dem Trocknen durch das Wasser hindurch.
Am anderen Ufer des Flusses sagte Elia zu Elischa: „Was wünscht du dir von mir, bevor ich nicht mehr da bin?"
Elischa antwortete: „Ich möchte von deinem Geist erben."
Elia sagte: „Ein schweres Erbe!
Wenn du einsiehst, dass mein Weg das Geheimnis der Humanität in sich trägt, wird es so sein. Wenn nicht, dann nicht."
Es geschah: Während sie weitergingen und redeten, verschwand Elia ...

Elischa hob den Mantel Elia auf, der von ihm abgefallen war,
kehrte um und blieb am Ufer des Jordans stehen.
Er nahm den Mantel und schlug das Wasser.
Das Wasser spaltete sich nach rechts und nach links und Elischa schritt hindurch.
(2. Könige 2)

Das Bild vom gespaltenen Wasser gehört zur Grundmelodie der biblischen Erzählungen. Schon in der Schöpfungserzählung ist davon die Rede, dass die Wasser als bedrohliche Mächte gespalten werden und die Erde als ein Ort des Zusammenlebens für Menschen und Tiere sichtbar wird. Später gelingt der Auszug aus der Unterdrückung in Ägypten, weil Mose mit seinem Stab das Wasser spaltete, so dass die Sklavinnen und Sklaven Boden unter die Füße bekommen und einen Ausweg finden. Beide Male geht es um die Auseinandersetzung mit zerstörerischen Mächten. Beide Male geht es um eine unerwartete Intervention, die einen Weg zum Leben aufzeigt.

Doch wenn sich für Elia und Elischa die Wasser spalten und sie „über den Jordan gehen“, scheint der Weg umgekehrt zu sein – nicht in das Leben, sondern in den Tod hinein.

Es geschah: Während sie weitergingen und redeten, verschwand Elia ...
An dieser Stelle schildert der biblische Text auf eindrückliche Weise eine Vision vom Lebensende, das nicht von Tod und Zerstörung bestimmt ist:

Da, Feuergefährt und Feuerrosse ...
Elia stieg im Sturm zum Himmel.
Elischa sah es – er schrie: Mein Vater, mein Vater, du Israels Fahrzeug, du seine Reisigen!
Schon sah er ihn nicht mehr.

Mit militärischen Worten wird beschrieben wie Elia ein Geleit bekommt. Die himmlische Kavallerie rückt an und nimmt Elia mit. Auf diese Weise wird Elias Weg aufgehoben und endgültig Teil der Vision der Humanität. Nicht das Militär, gegen das Elia sich immer gewandt hat, ist die Kraft der Gemeinschaft, sondern die prophetische Rede. Elias Worte werden als Teil der Vision weiter klingen. Als Elischa das sieht und versteht, kann er in die Fußstapfen Elias treten. So wird „jenseits des Jordans“ sichtbar, dass der Weg, den Elia und Elischa gehen, nicht in den Tod, sondern ins Leben führt.

Elischa nimmt den Mantel Elias und schlägt damit auf das Wasser.
Das Wasser spaltet sich und er schreitet hindurch
auf dem Trockenen – zum Leben.

Fulbert Steffensky schreibt über diese Szene, in der der Mantel des Elia die Kraft der biblischen Erzählungen verkörpert:

Das Wasser teilt sich und Elisa geht durch den Fluss. Elischa hat den Geist des Propheten geerbt. Bei seiner zukünftigen Arbeit ist er nicht nur auf die eigene Kraft, auf den eigenen Mut angewiesen. Er braucht sich nicht nur an sich selber zu wärmen. Er hat den Mantel des Toten. Die Tradition – das sind die Lebensmäntel, die uns die Toten hinterlassen haben. Die biblischen Geschichten sind die Lebensmäntel, die Gott [bzw. die Geschichte der Humanität] genäht hat und die uns die Toten hinterlassen. Wir müssen uns nicht nur an der eigenen Wärme wärmen. Man kann sich in die Geschichten hüllen ...

Die Toten haben uns ihre Träume hinterlassen, ihre Lebenserfahrungen, ihre Ängste und ihre Liebe zum Leben. Ihre Freiheitskämpfe!

Was wäre ich ohne diese Geschichten? Ja, sie wärmen mich, sie formen mich, sie machen mir Mut, sie helfen mir, trockenen Fußes durch tiefe Wasser zu gehen.

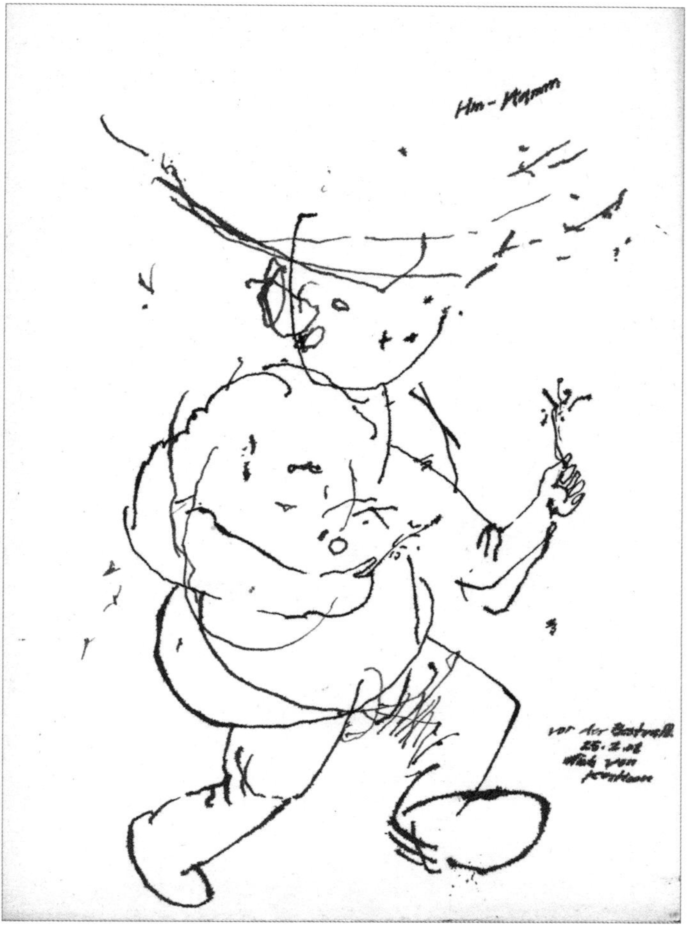

11. Hauptsache Freunde

„Hauptsache gesund", sagt die Volksweisheit. Aber stimmt das wirklich? Eine biblische Erzählung, die von einer wunderbaren Heilung berichtet, scheint etwas anderes sagen zu wollen.

Als Jesus nach Kapernaum kam, sprach sich herum, dass er im Haus war. Es versammelten sich so viele Menschen, dass auch vor der Tür nicht genug Platz war. Da schleppten vier Leute einen gelähmten Freund herbei, den sie zu ihm tragen wollten. Doch sie kamen nicht an ihn heran, weil so viele andere da waren. Deshalb rissen sie das Dach auf und ließen die Schlafmatte herab, auf der der gelähmte Freund lag.

Als Jesus ihr Vertrauen sah, sagte er zu dem Kranken: „Menschenkind, sei von deinen Sünden befreit!"

Einige Schriftgelehrte waren dabei und dachten: „Wie kann er das sagen? Kein Mensch kann Sünden wegnehmen."

Jesus merkte, was sie dachten und sagte: „Wie könnt ihr so etwas denken? Was ist leichter – zu einer gelähmten Person zu sagen: ‚Du bist von deinen Sünden befreit', oder ‚Steh auf, nimm deine Schlafmatte und geh'? Menschen haben sehr wohl Macht, Sünden zu vergeben".

Dann sagte Jesus zur gelähmten Person: „Steh auf, nimm deine Schlafmatte und geh nach Hause."

Er stand auf, nahm die Schlafmatte und ging davon.

(Markus 2,1-12)

Die erste Überraschung in der Erzählung ist, dass vier Männer einfach das Dach eines fremden Hauses zerstören, um einen Freund zu Jesus zu bringen.

Die zweite, inhaltlich weitaus größere Überraschung ist, dass Jesus den Kranken von seinen Sünden befreit. Die Männer haben ihren kranken Freund bestimmt zu Jesus gebracht, weil sie wollen, dass er geheilt wird. Wie kommt Jesus überhaupt auf die Idee, ihn von seinen Sünden zu befreien? Welche Sünden?

Das Thema Sünde / Schuld war und ist komplex. Ich werde versuchen, einige Ebenen, die in der Erzählung eine Rolle spielen, voneinander zu unterscheiden.

Sünde hat eine objektive und subjektive Seite:

1. Auf der subjektiven Seite stehen die schuldhaften Taten eines Täters beziehungsweise einer Täterin, die zur problematischen Situation geführt haben.
2. Auf der objektiven Seite steht die Situation, die entsteht, wenn etwas, warum auch immer, danebengegangen ist. Wie einer meiner Lehrer immer sagte: Eine Torte im Dreck ist Sünde – denn eine schöne Torte, ist dazu bestimmt, gegessen zu werden und nicht im Dreck zu enden.
3. An diesem Punkt ergibt sich erneut eine subjektive Seite. Dabei geht es darum, wie „das Opfer" sich zur entstandenen Situation verhält.

In der Erzählung ist die Frage nach der Ursache der Krankheit kein Thema. Thema ist die Situation der Krankheit (die objektive Seite der Sünde) und die Reaktion des Kranken auf seine Situation (die zweite subjektive Seite). Dabei ist es bestimmt kein Zufall, dass die Krankheit in der Erzählung eine Lähmung ist. Denn „Lähmung" ist gerade auch für die zweite subjektive Seite, um die es in der Erzählung geht, eine passende Bezeichnung.

Mit anderen Worten: Sünde ist die Krankheit, unabhängig davon, wie diese entstanden ist. Die Befreiung, von der wir hören, zielt auf die Veränderung der durch Sünde entstandenen Lähmung ab.

Und jetzt kommt die dritte und größte Überraschung:

Als Jesus ihr Vertrauen sah, sagte er zu dem Kranken:
Menschenkind, sei von deinen Sünden befreit!

Ihr Vertrauen. Plural! Jesus sieht das Vertrauen der Freunde und daraufhin spricht er den Kranken befreiend an. Es ist trostreich und ermutigend, dass es an erster Stelle nicht auf das Vertrauen beziehungsweise den Glauben des Kranken, sondern auf den Glauben der Umgebung ankommt. Es geht in der Erzählung an erster Stelle um die Annahme des kranken Menschen durch die Gemeinschaft und seine Integration in die Gemeinschaft. Als Kranken. Auf dieser Basis ist dann auch die Selbstakzeptanz des Kranken wichtig. Als Kranken. Der Kranke soll die ausgestreckte Hand annehmen und nicht in der Macht der lähmenden Sünde versinken.

Ein Brief

Ein Brief, den ich von einer jungen Mutter bekommen habe, möge beispielhaft zeigen, wie schwer und auch wie lebenzerstörend Schuldgefühle sein können.

Lieber Gerard,
ich schreibe Dir ... auf der Suche nach ein paar tröstlichen Worten. Wir sind seit acht Tagen mit Johanna [unserer Tochter] im Krankenhaus. Sie hat eine Tasse Kaffee von mir über sich gekippt, ich habe ein paar Sekunden nicht aufgepasst. Sie ist schwer verletzt, hat Brandwunden im Gesicht, am Rumpf, am Arm. Es ist für uns alle die totale Katastrophe. Man hat uns Hoffnung gemacht, dass im Gesicht keine Narben bleiben. Der Verband dort ist sogar schon ab, sie sieht jetzt natürlich knallrot aus, aber das sei gut. Um ihren kleinen Arm ist es schlechter bestellt, da wird sie wohl eine Hauttransplantation benötigen. Jeder Verbandswechsel passiert in Narkose, morgen ist eine richtige OP, weil ein plastischer Chirurg kommt und sich das mit ansieht. Ich habe solche Angst um dieses Kind.
Und ich trage solche Schuld. Ich habe dieses Leid nicht verhindert, obwohl das meine einzige, einzig relevante Aufgabe überhaupt ist. Ich bin so verzweifelt. Ich hoffe so, dass Johanna zumindest Teile ihrer so wunderbar leichten Normalität mit Kindern und Spielplätzen und Sand und Sonne wieder haben kann. Aber für mich ist das abgeschlossen. Ich habe so versagt und weiß gar nicht mehr ein und aus vor Schuld und Angst und Angst und

Schuld. Es gibt hier im Krankenhaus Psychologen für die Eltern, ich habe dieses Angebot auch bereits in Anspruch genommen. Aber ich glaube nicht, dass das was wird. Sei gegrüßt ...

In der biblischen Erzählung hat die Frage nach dem ursächlichen, schuldhaften Verhalten keine Rolle gespielt. Deshalb wurde diese Frage bis jetzt auch nicht thematisiert. Im den Brief der jungen Mutter greifen aber *alle* Ebenen ineinander – so wie es im realen Leben meist ist.

Wenn es um schuldhaftes Verhalten geht, ist die Beziehung Opfer-Täter entscheidend. Was in der Beziehung zerstört wurde, soll/kann in der Beziehung wiederhergestellt werden. Ist das nicht möglich, zum Beispiel, weil das Opfer nicht mehr lebt, steht die Wiederherstellung bis auf weiteres aus. Niemand kann einem Menschen, einem Täter, im Namen eines anderen Menschen, der zum Opfer geworden ist, vergeben. Das Opfer steht im Zentrum der Überlegungen. Das Opfer entscheidet.

Vielleicht ist das auch der Einwand der Schriftgelehrten in der Erzählung:

Einige Schriftgelehrte dachten:
„Wie kann er das sagen? Kein Mensch kann Sünden wegnehmen."

Zurück zum Brief.

Die Mutter fühlt sich schuldig. Aber Ist sie auch schuldig? Juristisch nicht. Bedeutet das, dass die Mutter sich zu Unrecht schuldig fühlt? Ich glaube nicht, dass die Mutter es als befreiend erfahren wird, wenn ihr die Schuld, die sie fühlt, abgestritten wird.

Es gibt in der Tat so etwas wie eine nicht juristisch greifbare Schuld, mit der wir in diesem Leben schuldig werden. Das kann eine unabsichtliche Tat oder ein unbewusstes Unterlassen sein, das uns zwar juristisch nicht angerechnet werden kann, das uns aber sehr wohl aus guten Gründen belastet. Es kann auch einfach nur eine Verstrickung in Zusammenhängen sein, die weit über uns hinausgehen und unser Tun unausweichlich bestimmen. Wir müssen uns damit abfinden, dass wir in diesem Leben schuldig werden. Aber – so verstehe ich die biblische Erzählung – wir dürfen und können damit leben. Weil es verzeihbar ist. Wir müssen nicht gelähmt durchs Leben „gehen“. Damit sind wir nicht einfach raus. Aber wir können lernen, in Solidarität miteinander, damit umzugehen.

Liebe Marlene,
ich werde für Dich und Johanna beten.
In der Bibel (im Alten Testament) gibt es Schuld „durch Irrtum“ und Schuld mit erhobener Hand. Das letztgenannte ist mutwillig und nicht verzeihbar. Das Erste ist verzeihbar. Weil es passiert, obwohl wir es ernsthaft nicht wollen. So werden wir in diesem Leben auf jeden Fall schuldig. Aber wir dürfen und können und müssen damit leben – weil es verzeihbar ist. Damit sind wir nicht einfach raus. Aber es wird aussprechbar und auch „handhabbar“. Weil wir miteinander in dieser Schuld solidarisch sein können. Das wird Johanna auch eines Tages sagen können – sogar dann, wenn sie bleibende Narben haben wird. Das kann Dir ein Trost sein. Du bist in dieser Schuld – die nicht juridisch gilt – nicht allein. Und Du darfst davon ausgehen, dass auch Johanna Dich nicht allein lassen wird.
Ich bin bei Dir!
Gerard

Noch ein Brief

Wenn wir die Erzählung so verstehen, wie wir sie bis jetzt verstanden haben, gehen wir davon aus, dass *Heil* nicht abhängig ist von *Heilung* im Sinne von: körperlich gesund werden. Der Kranke wäre „heil“, weil er nicht mehr gefangen ist in lähmenden Gedanken und Strukturen und weil er nicht durch Resignation und Isolation gelähmt wird. Aber er ist noch immer krank – vorausgesetzt, dass seine Krankheit nicht nur aus einer „psychischen, geistigen“ Lähmung besteht.

An dieser Stelle möchte ich aus dem Rundbrief eines Freundes zitieren, der an ALS, einer unheilbaren, lähmenden Krankheit, leidet.

Warum greifen mich die biblischen Heilungsgeschichten so an? Seit ich krank bin, muss ich beim Hören dieser Geschichten innerlich weinen. Das sind keine Freudentränen. In der Bibel lese ich: Lahme werden laufen, Blinde werden sehen und Krüppel aufrecht gehen. Diese Texte treffen mich direkt. Doch diese Botschaft der Hoffnung macht mich traurig. Denn ich frage mich, wie kann ich Anteil an dem Guten dieser Botschaft bekommen, ohne eine starke Sehnsucht nach Heilung zu bekommen? Denn die Sehnsucht nach Heilung musste ich mir aus dem Kopf schlagen – auch wenn ich sie manchmal noch habe. Die Sehnsucht zu singen kommt regelmäßig hoch. Oder die Sehnsucht morgens die Tür hinter mir zu schließen und zur Arbeit zu gehen. Aber ich habe mich und musste mich ziemlich schnell mit der Botschaft der Ärzte abfinden, dass ALS eine unheilbare Krankheit ist. Nach kurzem Erkunden der alternativen Heilkunde habe ich meine Ohren vor dem ständig lockenden Ruf der Therapeuten geschlossen, und ich bin davon überzeugt, dass ich mir die Hoffnung auf Heilung zu meinem eigenen Besten mehr oder weniger aus dem Kopf geschlagen habe. Ich entschied mich dafür, nicht blind auf meinen Verlust zu starren, sondern zu versuchen, mit der Beschränkung zu leben. Bibeltexte, die das Geheimnis der Versöhnung beschreiben, ermutigen mich dabei. Das Vertrauen in Gottes Versöhnung verlangt Durchhaltevermögen in der Bedrängnis, verlangt eine kreative Suche nach kleinen Zeichen neuen Beginnens. Darauf konzentriere ich meine Kraft. Die Ankunft von einem neuen Anfang – das ist für mich der Auferstehungstag oder der Tag der Heilung. Diesen Tag nimmt Jesus vorweg, wenn er einen Lahmen, Blindgeborenen oder Verkrüppelten heilt. Das heißt, ich will meine Anstrengung, in jeder Phase meiner Krankheit immer wieder einen neuen Anfang zu machen, sehr wohl verstehen als ein Festhalten der Hoffnung auf das Reich Gottes, auf das Jesus mit der Heilung von Lahmen, Blindgeborenen oder Verkrüppelten hinweist. Doch wenn ich von diesen Heilungsgeschichten höre, tun sie mir weh.

Einiges in dem Brief weist darauf hin, dass der körperlich gelähmte Freund den Satz „Heil ist nicht abhängig von Heilung, im Sinne von körperlich gesund werden“ unterschreiben kann. In seinen Worten *„Ich entschied mich dafür, nicht blind auf meinen Verlust zu starren, sondern zu versuchen, mit der Beschränkung zu leben.“* können wir die Befreiung von der Lähmung hören, die Jesus anspricht. Trotzdem klingt der letzte Satz aus dem Brief unüberhörbar nach: *„Doch wenn ich von diesen Heilungsgeschichten höre, tun sie mir weh.“*

Wenn *Heil* nicht abhängig von *Heilung* ist, heißt das dann, dass *Heil* gänzlich auf körperliche Genesung verzichten kann, oder müssen beide doch irgendwann zusammenkommen?

Auch wenn die körperliche Heilung nicht der entscheidende Punkt in der Erzählung ist, warum wird sie trotzdem erzählt? Was machen wir damit, dass die Erzählung damit endet, dass Jesus zum Gelähmten sagt:

„Steh auf, nimm deine Schlafmatte und geh nach Hause.“
Und er stand auf, nahm die Schlafmatte und ging davon.

Ich habe darauf keine Antwort.
Ich habe eine Erzählung.

Einmal waren wir mit einer Gruppe von Freunden und Freundinnen zusammen mit Berthil in Barcelona. Auf dem Programm, das Berthil natürlich selber weitgehend zusammengestellt hatte, standen die Bauwerke von Gaudi und ein Fußballabend im Stadion mit FC-Barcelona. In der Zeit spielten viele niederländische Fußballspieler bei dem spanischen Club und ich meine, dass auch der Trainer ein Niederländer war. Am Ende des Spiels sollte Berthil zum VIP-Bereich für eine kurze Begegnung mit dem Team kommen. Aber dann ... Berthil saß im Rollstuhl und der Eingang war nicht behindertengerecht. Die Zeit war knapp – und in wenigen Sekunden wurde Berthil von seinen Freunden in seinem Rollstuhl über die Eingangssperre getragen.

Weitere Bücher von Gerard Minnaard im Erev-Rav Verlag

Er rief seinen Namen: Israel!

Erzählungen von Segen und Verantwortung aus dem 1. Buch Mose

ISBN: 3-97803752-3-4 · 118 Seiten · 14,80€

Vom Abendmahl zum Anti-Mammon-Programm

Biblische Geschichten und praktische Schritte

ISBN: 3-9803752-9-3 · 125 Seiten · 14,80€

Abel J. Herzberg im Erev-Rav Verlag

Zweistromland

Tagebuch aus Bergen-Belsen

ISBN: 9783932810008 · 14,80€

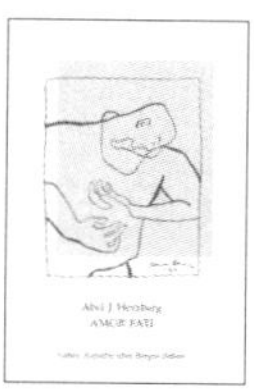

Amor Fati

Sieben Aufsätze über Bergen-Belsen

ISBN: 3932810015-99 · 12,50€

Information und Buchverkauf

info@woltersburger-muehle.de · woltersburger-muehle.de